十传十美

佛山十大传统文化风华录

中共佛山市委宣传部　编著

SPM 南方传媒
广东人民出版社
·广州·

图书在版编目（CIP）数据

十传十美：佛山十大传统文化风华录 / 中共佛山市委宣传部编著. -- 广州：广东人民出版社，2024. 10.
ISBN 978-7-218-18092-2

Ⅰ. G127.653

中国国家版本馆 CIP 数据核字第 2024EC7185 号

SHICHUAN SHIMEI——FOSHAN SHI DA CHUANTONG WENHUA FENGHUALU

十传十美——佛山十大传统文化风华录

中共佛山市委宣传部　编著

出 版 人：肖风华

统　　筹：贺文平
学术委员：蒋述卓　温春来　谢有顺　陈忠烈　任建敏
主　　编：吴礼晖　张国梁　贺　哲
统　　稿：盛　慧
策划编辑：梁　茵
责任编辑：胡　萍
责任技编：吴彦斌

出版发行：广东人民出版社
地　　址：广州市越秀区大沙头四马路 10 号（邮政编码：510199）
电　　话：（020）85716809（总编室）
传　　真：（020）83289585
网　　址：http://www.gdpph.com
印　　刷：佛山市金华彩印刷有限公司
开　　本：787 毫米 ×1092 毫米　1/16
印　　张：18　　字　　数：150 千
版　　次：2024 年 10 月第 1 版
印　　次：2024 年 10 月第 1 次印刷
定　　价：88.00 元

如发现印装质量问题，影响阅读，请与出版社（020-85716849）联系调换。
售书热线：020-87716172

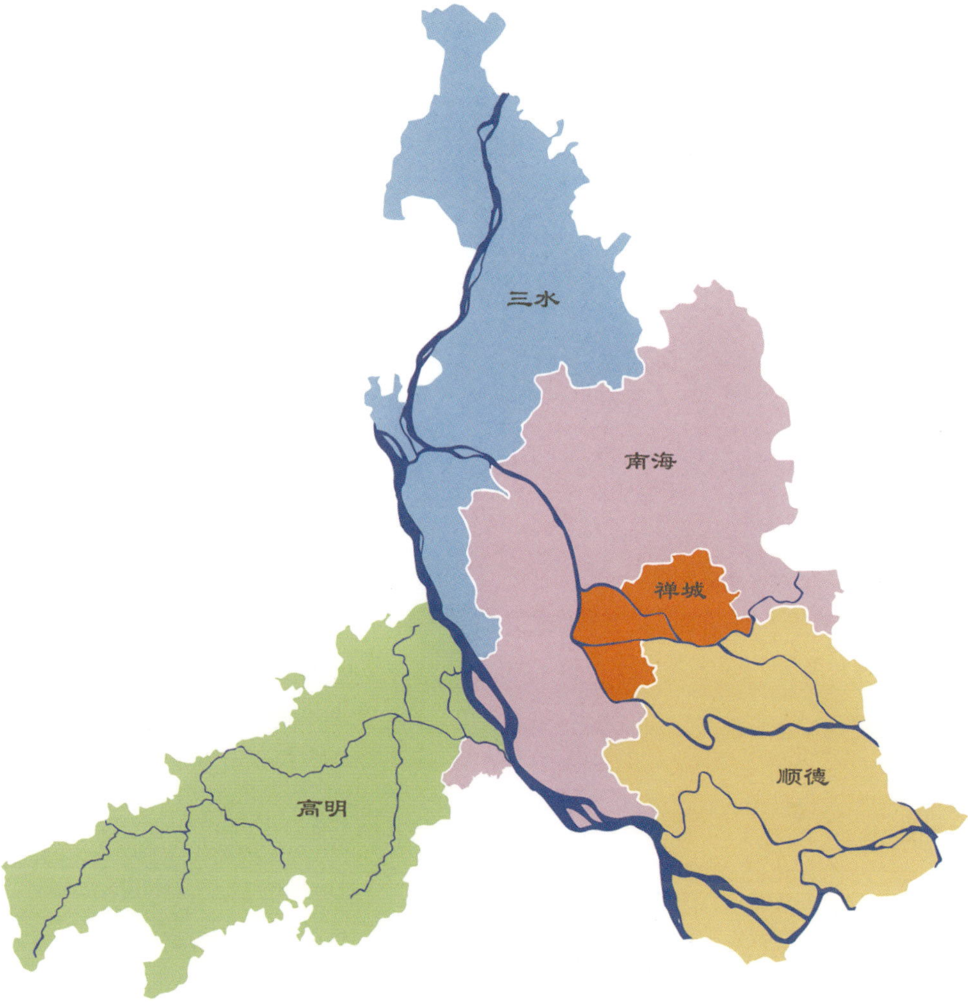

五彩佛山　五区同体

审图号：粤ES（2024）073号
注：本图界线不作为权属争议的依据。

序一

郑 轲

读懂一座城市，从四个层次进，可拾级而上、渐入佳境。**先**以景览城，看山川形胜、建筑街巷；**后**以物识城，辨地理气候、经济物产；**再**以人观城，察衣食住行、世道人心；**从**以文阅城，品历史底蕴、精神气质。千年风吹过、两江鸳鸯水，未有珠三角、先有西樵山，沧海桑园围、古韵香云纱，天下四大聚、九佬十八匠，敢饮头啖汤、勇向潮头立，村野多掌故、无处不传奇……这样的佛山，仅触及“先、后、再”三个层次，难懂此城此市，须到达“从”这个内核层次，静心净思，潜研表象之下的文化基因，方豁然开朗，知万千物象、无非一理。

在这片润养容生万物、让人梦绕魂萦的土地上，农耕与工商并行、传统与现代交融，孕育出质朴刚健、穿越古今的开放型地域文化。**粤剧文化**红船弟子、南国红豆，**功夫文化**刚柔并济、自强不息，**龙舟文化**挥桨竞渡、勇赶前列，**龙狮文化**高桩采青、鼓振雄风，**陶艺文化**南风窑火、视觉盛宴，**工匠文化**敬信重业、精益求精，**美食文化**粤味佳肴、厨出凤城，**秋色文化**七彩竞放、争奇斗艳，**祖庙文化**古韵悠远、兼容并蓄，**忠义文化**铁骨忠魂、青史留芳，等等，不胜枚举，她们顺应历史机缘，聚合成传统文化群像，内化为礼、外化为仪，“形而上”与“形而下”归元不二，成为岭南广府文化浓缩而典型的源样版本，揭示佛山既可立“城”又可立“市”的内在特质。正因如此，我们怀着温情与敬意，选择佛山传统文化的精彩篇章汇编成集，名为“十大传统文化”。

传承弘扬“十大传统文化”，是推动优秀传统文化创造性转化、创新性发展的具体行动，在文源梳理、文脉传承、文气涵养上都有着深刻的内在逻辑。**第一，这不是凑数求全，而是传承精华。**“十大传统文化”的“十”是符号，不是数字，因为这并不表示佛山只有这十种文化。弘扬“十大传统文化”，就是要把佛山最具代表性的传统文化精华鲜明地亮出来，让人人易记、处处能讲，成为一句口头语，引起全社会关注之、保护之、传承之。**第二，这不是简单盘点，而是深度挖掘。**“十大传统文化”蕴含务实进取、开放包容、敢为人先等精神内核，是佛山在近代中国领风气之先、在改革开放中先行一步的精神密码。弘扬“十大传统文化”，就是要深入挖掘其中的人文精神、道德规范，赋予新的时代价值，为中国式现代化的佛山实践注入持久动力。**第三，这不是堆金叠玉，而是擦亮品牌。**“十大传统文化”风采各异，又共冶一炉，构成佛山一体多元的文化形态，是佛山作为文化大市的独家印记、具象表达。弘扬“十大传统文化”，就是要用文化引领城市发展，塑造更加鲜明的城市特色，彰显独具一格的城市魅力，打造丰富立体的城市品牌。**第四，这不是吟风咏月，而是凝聚人心。**“十大传统文化”绝不拘泥于阳春白雪，可以说是贯通古今的大众文化，浸润在老百姓的饮食起居、家常日用中，极具烟火气、人间味。弘扬“十大传统文化”，就是要激发佛山人内心深处热爱生活、追求美好的原动力，让每个人成为幸福生活的创造者、美丽家园的建设者，凝聚同心向未来的强大合力。

一帙一城，十全十美，百阅百喜。《十传十美——佛山十大传统文化风华录》凝结了众多专家学者智慧，集中呈现了佛山传统文化精粹，既有专家究底的深度，又有大众乐见的广度，文字生动鲜活，图文编排精美，是了解岭南广府文化、品读佛山城市魅力的一本好书。文以人传，城以文兴。我们相信，有众人关注、众力扶掖、众心向往，佛山传统文化一定会焕发新的生机活力，绽放新的时代光彩。

2024年9月29日

序二

邱华栋

中国作协党组成员、副主席、书记处书记

佛山，是粤港澳大湾区一颗璀璨的文化明珠。“肇迹于晋，得名于唐”，迄今已有近1400年的城市得名史。千余年古城的深厚底蕴，让这座城市的文化源远流长，成为岭南广府文化的发源地和兴盛地之一，孕育了众多岭南文化瑰宝。

其中，最具代表性、让世人惊艳和熟知的就是佛山功夫文化。“天下功夫出少林，南派武术盛佛山”，作为中国南派武术的主要发源地和形成地，佛山独特的功夫文化，随着晋代以来北方人多次南迁，在南北武师的交流互鉴、融会贯通中逐渐形成了。至明代时，佛山因手工业、工商业的繁荣，成为当时全国“四大名镇”之一，为功夫文化的传播提供了社会基础。清代至民国时期，社会矛盾日益激烈，练习武术成为佛山普通民众的精神寄托和安全保障，佛山几乎全民习武。在近代以来的中国革命历程中，佛山功夫文化也如影随形，佛山现存历史最悠久的武馆鸿胜馆就是“红色武馆”的重要代表。

至今，佛山仍是唯一被中国武术协会授予“武术之城”称号的城市。世界上广泛流行的咏春拳、蔡李佛拳、洪拳等发端均与佛山有较深渊源，著名武术大师黄飞鸿、梁赞、叶问、李小龙等祖籍及师承亦在佛山。他们以武艺让人折服，以武德让人敬仰，依托大银幕上塑造的生动形象，在世人心中留下了“中国武术、佛山功夫”的深刻印记。

从功夫文化衍生开，我们还可以发现一些新的文化脉络——佛山的民间谚语说：“只要有祠堂，就会有狮子和洪拳。”狮子，指的就是舞狮。自清代以来，凡是在佛山开设的武馆，都有附着于武馆的“狮会”。在武馆习武的弟子们在练习武功之余，也对舞狮技法进行苦苦的修习。每逢节庆假日，舞狮登高采青不可或缺。还有一句谚语说：“未学武术，先学跌打。”佛山是“岭南成药之乡”，早年的中成药制药业很发达。几乎所有的武馆都教授拳脚功夫，同时也精于治疗跌打损伤。一些武术名家同时也是骨伤科跌打名医。功夫和医术相得益彰，在佛山形成了一道奇妙的风景。

可以说，在千百年的发展演进中，佛山的功夫文化化育出一种本土的地域文化精神，浸润在佛山人的性格当中，成为当代佛山人的精神底色，那就是不畏艰难、勇于抗争、敢于拼搏的勇气，精益求精、顽强奋进、严谨务实的态度，吃苦耐劳、扶危济困、尊师重道的风尚，讲究诚信、看重义气、遵纪守法的修养。这样的社会风潮和价值取向影响着社会氛围，锻造和形成了佛山人的当代品格，给佛山人提供了不竭的精神动力，使得佛山在手工业、制造业、历史文化传承发展等各方面都取得了巨大的成就，让佛山这座城市凝聚了更广义上的“佛山功夫”。

仅从“文化功夫”来看，佛山就拥有国家级、省级非物质文化遗产项目数十项，粤剧文化、功夫文化、龙舟文化、龙狮文化、陶艺文化、工匠文化、美食文化、秋色文化、祖庙文化、忠义文化“十大传统文化”等熠熠生辉。

佛山是“世界美食之都”“中国粤菜美食名城”，数不清的美味佳肴让人食指大动。这里自古有“石湾瓦，甲天下”的美誉，制陶工艺有700多年历史，拥有世界现存最古老的活态陶瓷柴烧龙窑，薪火相传。这里是“南国红豆”粤剧的发源地，诞生了粤剧艺人的代称——“红船弟子”和粤剧最早的戏行组织，至今民间粤剧爱好者组成的私伙局仍遍布佛山。粤剧吟唱，在一代代人的流传中，经久不息。

“百里而异习，千里而殊俗。”民俗是一种生活方式，也是一个地方最鲜明的文化特色。佛山有许多独具特色的民间文化和民俗活动，佛山人热情参与，让这些古老的活动历久弥新，长盛不衰。

元宵佳节，近百万人“行通济”，他们举着风车、提着生菜，浩浩荡荡地走过通济桥，祈求来年平平安安、顺顺利利。端午节前后，龙舟水涨，凤凰花开，古村河涌，龙舟竞渡，你争我赶，热闹非凡。行至秋日，秋色活动如约而至，祖庙秋祭、乡饮酒礼、秋色巡游，众多海内外乡亲也踏上故土……人间的烟火，盛大的狂欢，让每个来到佛山的人置身于欢乐的海洋。

在此书编撰期间，我曾经到佛山采访采风，以文会友、以武会师。在这座城市中漫步徜徉，“传统”与“现代”两个词一直萦绕心中。作为国家历史文化名城，佛山是传统的，随意走进一条街巷，都能遇见数百年前的时光。同时，佛山又是十分现代的，古老的传统被赋予新内涵，与现代生活相连接，并且被年轻人亲身践行，焕发着时代新风采。

佛山一日，岭南千年。这是一座让我喜欢的城市，我期待再来佛山，期待在这里，遇见更多的美好事物，更多的惊喜瞬间。

现在，打开这本书，佛山就来到了你的面前。

2024 年 9 月 28 日

目录

CULTURE
OF
CANTONESE
OPERA

粤剧 · 戏服（局部）

粤剧

十传十美——佛山十大传统文化风华录

CULTURE OF CANTONESE OPERA

南国红豆惹人醉

耿立
广东省作家协会散文创作委员会副主任
广东秦牧创作研究会副会长

琼花会馆，俱泊戏船，每逢天贶，各班聚众酬恩，或三四班会同唱演，或七八班合演不等，极甚兴闹。

——清·《佛山街略》

CULTURE OF CANTONESE OPERA
粤剧

佛山是粤剧发源地，历史上红船过处，弦歌声声。

佛山粤剧院始建于1957年，半个多世纪以来素以实力雄厚、阵容鼎盛、台风严谨、演艺精湛、充满朝气而名重海内外。

本章所有角色图片，均由佛山粤剧院演员出镜拍摄。

一

在中国戏曲的大家庭中，粤剧是后起之秀，也是最具生命力的剧种之一，是中国戏曲生生不息的典型样本。它充溢着岭南文化的草根性、民间性，大锣大鼓的声势，质朴粗犷的表演，给人强烈的代入感，让听者如饮甘醇，如食珍馐，如沐春风。

如果你要真正了解粤剧，最好的选择，当然是来佛山。这里有华南地区保存完好且最古老的戏台——万福台；有藏品丰富的广东粤剧博物馆，还有最广泛的粤剧群众组织——私伙局，榕树下、古祠里，乃至公园的一角，都是他们的舞台。“男女情，千秋史，英雄泪，壮士血”，感天动地的故事日日都在上演。

明清时期，广东本地戏班活动的中心就在佛山，最早的粤剧行业组织“琼花会馆”就创立于佛山。嘉庆年间一首竹枝词这样写道：

梨园歌舞赛繁华，一带红船泊晚沙。

但到年年天贶节，万人围住看琼花。

清道光十年（1830）刻本《佛山街略》上的一段话，是琼花会馆当年盛况的最好注脚：“琼花会馆，俱泊戏船，每逢天贶，各班聚众酬恩，或三四班会同唱演，或七八班合演不等，极甚兴

祖庙万福台

始建于清顺治十五年（1658），初名华封台，是华南地区最著名的古戏台。自建成以来，每年秋收至十二月，万福台上好戏连台，响彻云霄。

▶

琼花会馆

粤剧界最早的戏行会馆，始建于明代，为本地戏班艺伶排练、教习、切磋艺术之地，也是当时管理戏班的机构。据乾隆《佛山忠义乡志》记载：“镇内有会馆凡三十七，琼花会馆建筑瑰丽，为会馆之最。”

◀

万福台对联：
传来往事留金鉴
谱出高歌彻紫霄

闹。”

在佛山，过节总少不了戏。无论华光诞，还是天贶节，人们都会划着船，到戏台来听戏，就如鲁迅先生《社戏》里所描绘的一样。可以说，在这片土地上，所有的戏台，都通向水道，所有的水道，都连着戏台。

古代佛山的粤剧伶人，把自己的会馆称为“琼花”，虽然地位卑贱，但他们一如琼花，以自己独有的立身之姿展示在世间，绽放在舞台，绽开在滚滚红尘里，就如中国戏剧特有的写意一样，一杆长枪，金戈铁马；一袭青衣，酸甜苦咸。这花，也是粤剧的精神写照，是青衣，是刀马旦，是净角的花脸；即使是丑，白鼻子的丑，那也是在舞台上鞭挞社会和人性，令人精神爽利，恶气下沉，是一种反丑为美的美学范式。

在佛山，戏台不是普通的建筑，而是精神的殿堂。祖庙里的

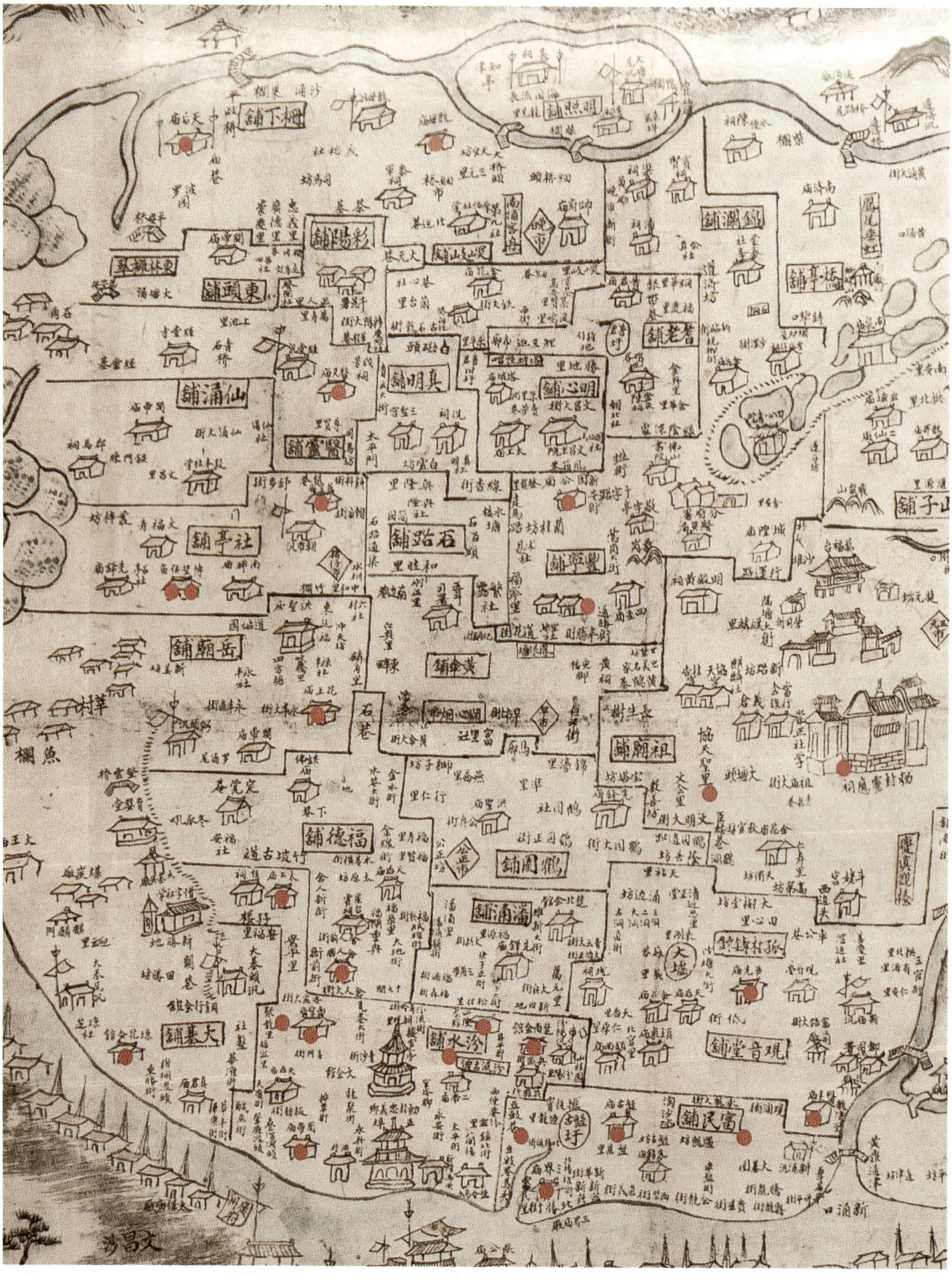

佛山古戏台分布图

佛山有众多的神庙，在建庙的时候，通常都会在庙宇前建一个戏台，以供酬神。该图以清嘉庆、道光年间佛山地图为底图，标注了清代佛山30个固定戏台所处的地理位置。

1980 年，佛山影剧院开幕首演剧目《柳毅传书》

万福台建于清顺治年间，隔板上的对联“传来往事留金鉴，谱出高歌彻紫霄”就像是说出了粤剧的秘密。无论历史悲歌，还是爱情缱绻，戏台都道出了人情世故，也反映了现实角色。戏台上演戏，戏台下也演戏，谁为袖手旁观客，我亦逢场作戏人，你在台下看戏，历史在历史的深处看你。

二

回顾粤剧三百年历史，人们必定会敬慕地提到粤剧先师“摊手五”（粤剧界尊称“前传后教张骞师傅”），他和田窦被供奉在华光大帝的左右。

据说，摊手五是雍正年间的北京名伶，在戏台上嬉笑怒骂，讥嘲抨击官府和时政，后被官府追捕，遂逃来广东，寄居在佛山。摊手五到佛山后，就将北方的秦腔、弋阳腔，以及昆曲、少林武艺教授给粤剧艺人，尤其是传授了当时全国通行的“江湖十八本”，并模仿汉调戏班的建制和行当，让粤剧的组织更为严谨。粤剧中人为感念张骞，便尊称他为“张骞先师”。

佛山民间粤剧爱好者私伙局

顺德容桂细滘村粤剧演出

说粤剧，当然不能不说红船。珠三角，是漂在水上的土地，“广为水国，人多以舟楫为食”（屈大均《广东新语》）。那些粤剧伶人，出门揾食靠的就是舟楫红船，穿城越镇，盘旋水道，舍舟登岸，便开始了锣鼓喧天的表演。

红船就是粤剧伶人的“戏船”，是粤剧伶人水上的家，是戏班子的转场工具。一条船，髹以红色，是吉利，是意头。于是就有了一些愿景藏在里面，把船弄成红色，趋利避害，在背井离乡中，以锚为根，“满船明月从此去，本是江湖寂寞人”。一做伶人，半世和尚。戏台上，出将入相，男欢女爱；戏台下，梨园内，清规戒律，如一张网，把伶人塑形。梨园最怕成戏不成人，一个人品格不行，即使戏再好，也是枉然。

清军入关，新朝以衣冠发型的强制性变易，显示权力的傲慢，显示征服的彻底。但故国衣冠，还是保存在一个个戏曲故事的搬演里，保存在舞台上。于是出现奇异的一幕，戏台上、戏台下就有了两个世界，就像是平行的时空：台上，明代衣冠；台下，

红船

早期粤剧戏班（本地班）往来于珠江三角洲进行演出的交通工具和生活居所，因外部漆上红色，故称红船。

清代发辫。

天下降而伶人不降，这是历史上曾有的一道独特风景。

不但不降，粤剧里的血气，使这些伶人穿着故国衣冠，呼啸而起。

于是就有了粤剧史上，也是中国戏曲史上唯一的身着故国衣冠的戏子称王的一幕。这不是舞台上的表演，而是在佛山粤剧戏班凤凰仪班担任“二花面”的李文茂的举义。

李文茂以伶人举义，闹他个天崩地坼，逼得那些清廷官员或投水或投缳，而他优孟衣冠，“饶有海珠供采撷，竟将红豆作干戈”，率十万之众纵横粤、桂、黔数省，真的出将入相了。

三

有海水的地方就有华人，有华人的地方就有粤剧。在海外，粤剧被华侨视为一种家园的呼唤，一种文化的依靠。

那些下南洋的游子，想家了，就会听《平贵回窑》。“老了老了实老了，十八年老了王宝钏。”为了等丈夫归来，寒窑里苦守十八年。听着王宝钏的故事，就热泪盈眶，想到自己的妻子。这是我们民族戏剧里塑造出的人格偶像。热门的剧目还有《四

粤剧在加拿大不列颠哥伦比亚省华人社区演出剧照（不列颠哥伦比亚大学图书馆藏）

▶ 粤剧习惯将演员的脸部化妆称为“妆身”。它包括各表演行当的妆身，以及开面和脸谱。

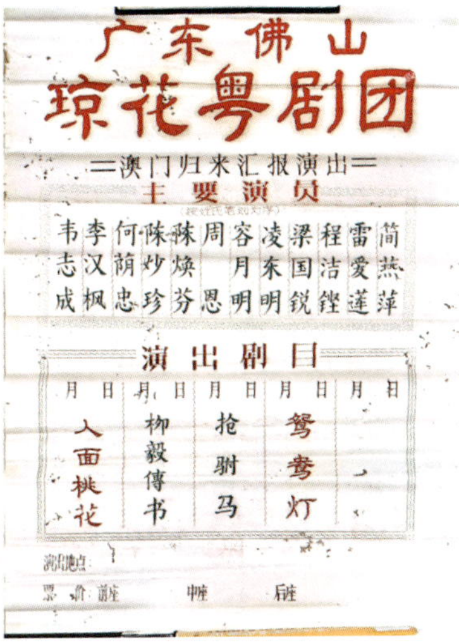

广东佛山琼花粤剧团澳门归来汇报演出海报

郎回营》。在爱情和亲情的挣扎里，在个人与家国、生与死、忠与叛的纠缠中，流落十五年的四郎跪在地上，跪在母亲面前失声悲哭：“千拜万拜，赎不过儿的罪来……”

看一次《四郎回营》，就是一次还乡，就是和母亲的一次见面、一次道别，也是和故乡的见面和道别，更是情感的疗愈、灵魂的抚慰。

是这些粤剧，为旧时那些背井离乡者，找出了自己经历的那些苦难、那些孤独，自己说不出来的，舞台上的戏都给说出来了。那些痛苦是伤口处，也是粤剧的包扎处，是溃烂之处，也是灵魂的创可贴之处。

粤剧，在异乡，为那些流落的人建造了一个故乡。在字母文字包围下，粤剧传承的仍然是家乡故国的风俗：神，还是家

粤剧演员在后台妆身

乡的神；庙，依然是家乡的庙；戏，必须是家乡的戏。

粤剧在海外的传播，比梅兰芳 20 世纪到美国演出京剧要早得多。《晚清华洋录》里就记载了李致祥与马克·吐温关于粤剧的交往。粤剧是文化，也是桥梁。粤剧的生存能力，即广府人的生存能力。粤剧是他们的心灵，也是他们的日常；是他们爱生活的一种态度，也是他们的审美高度。

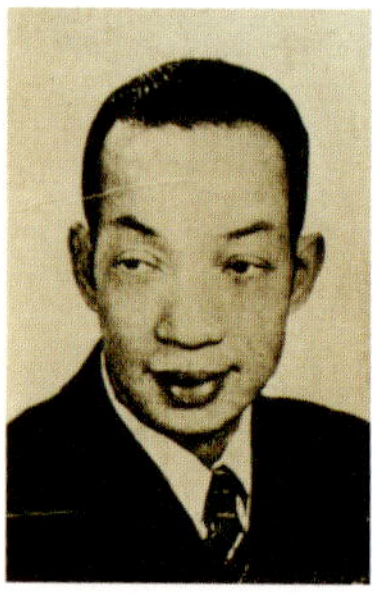
薛觉先

四

在粤剧博物馆里，有数百部粤剧电影、几百张粤剧黑胶唱片，也有上千部木鱼书。看着墙壁上那印着 11000 多部粤剧目录的陶瓷，我觉得，这就是一部历史的老唱片。

马师曾

20 世纪三四十年代，是粤剧发展史上最辉煌时期，粤剧的天空群星熠熠，星汉灿烂，涌现出了薛（觉先）、马（师曾）、白（驹荣）、廖（侠怀）、桂（名扬）五大表演艺术流派，争奇斗艳，各美其美。这五大流派的开山者，都是佛山人。此外还有小明星的星腔和南海十三郎的那些奇思妙想的粤剧故事与唱词。

白驹荣

而其中最让人津津乐道的就是“薛马争雄”的十年。薛觉先创制的“薛腔”，影响至今，法脉不断；马师曾创制了符合自己嗓音特点的“乞儿喉”，那是融入方言俗语、半唱半白、

江誉镠
（南海十三郎）

扬琴

琵琶

粤剧乐器

早期粤剧所使用的乐器只有二弦、提琴、月琴、三弦和鼓竹锣钹等，声调比较简单。清代粤剧解禁后，加入梆子。进入成熟期以后，粤剧所使用的乐器达 40 多种，大致可分为四大类：吹管乐器、弹拨乐器、拉弦乐器及敲击乐器。特色乐器有二弦、竹提琴、高胡、椰胡、喉管、大文锣、大钹、高边锣等。粤剧改革后，更接纳了萨克斯管、小提琴等多种西洋乐器。

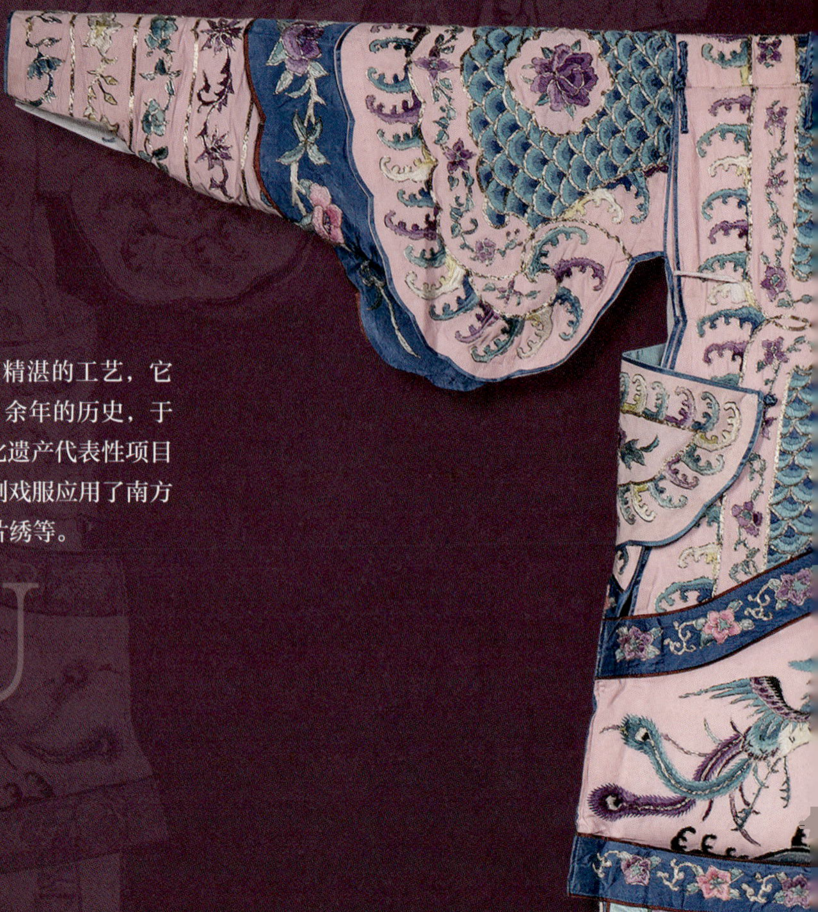

粤剧戏服

粤剧戏服制作技艺是一项传统而精湛的工艺，它随粤剧的产生而发展，已有 300 余年的历史，于 2009 年被列入广东省非物质文化遗产代表性项目名录。在服装的整体构造上，粤剧戏服应用了南方特色的广绣技艺、金银线绣、珠片绣等。

XIFU

扣肚

扣肚用绣花图案区分文武，绣虎头的叫“武扣肚”，绣其他花纹图案的叫“文扣肚”，主要作为戏服装饰之用。粤剧演袍甲戏的演员，习惯在静场时将双手放置在扣肚内，待到车身或走圆台时，先用双手将扣肚推开扬起，使扣肚容易被身体带起旋转，既方便做技巧动作，又增加身段美感。

肩甲

粤剧女大扣戏服的纹样多用鱼鳞纹或丁字纹，其意是模仿战场上铠甲的甲片。所用颜色有“正五色”和“间五色”。

双凤戏牡丹

“双凤戏牡丹”是广绣常见纹样，寓意富贵吉祥。此件戏服花纹属广绣，工艺属从顾绣演化而来的平绣。

甲裙

由两块用布条连在一起的绣花单片系在演员腰间遮护双腿，演袍甲戏的演员身穿大扣，在上场或走圆台时，往往用双手分执起戏服两边的甲裙。

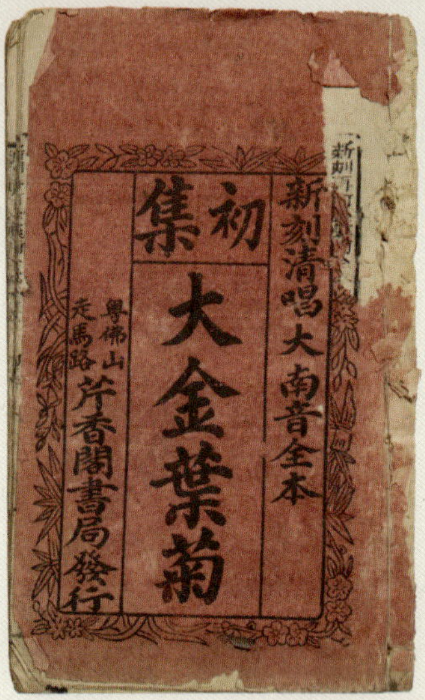

佛山芹香阁书局刻印出版的南音唱本

早期的粤剧剧本大致可分为两类：一类剧本会写清楚唱词及道白；另一类则只提供故事情节，依靠伶人临场发挥。清末民初，粤剧受话剧影响，采取分场分幕的编剧方式，语言也趋口语化，并礼聘文人参与撰写剧本。

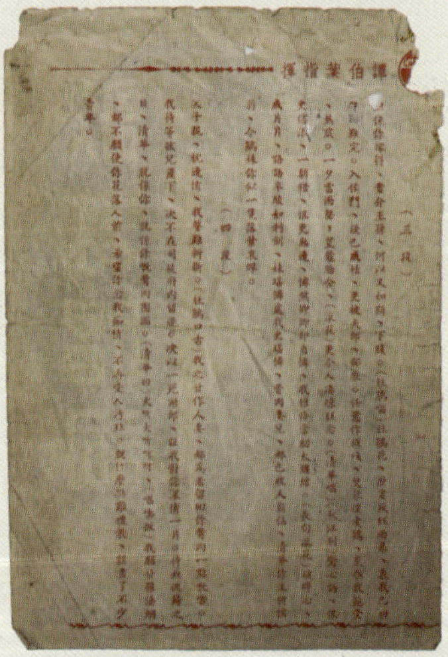

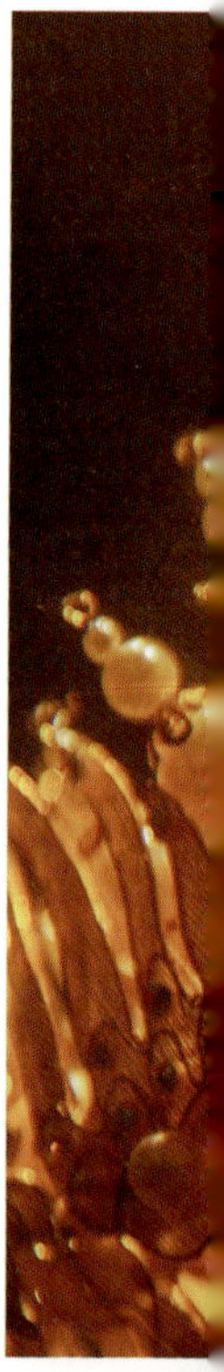

《三月杜鹃魂》唱词书影

范清华与白杜鹃二人两小无猜，青梅竹马。倭寇入城，杜鹃逃难时得清华相救，继而同居。寇乱平定后，杜鹃重遇父，却遭迫嫁总兵之子司徒雄天。雄天得悉杜鹃怀有清华骨肉后大怒，杜鹃忍辱偷生，产子后交托清华照料，然后殉情，自此清华常携子祭杜鹃。十年后，清华在杜鹃墓前哀恸而亡，随杜鹃亡魂升天。

唱词（三段）

但系你嫁得贵介王孙，何以又如斯下贱。（杜鹃唱）杜鹃花，历尽风狂雨暴，哀我已白璧恐难完。入侯门，泪已成枯，更被夫郎鄙厌。任意作摧残，焚琴还煮鹤，至今我饱受熬煎。一夕雷雨声，豆蔻胎含（滚花）更令人凄凉狂念。（清华唱）（秋江别）惊心语，恨更倍添，一朝错，恨更无边，怜煞卿卿却自怜，我惟悔当初太缠绵。（长句滚花）破碎心，成片片，语语辛酸如利剑，妹堪怜处我更堪怜，骨肉妻儿，都已被人霸占，清华你生何懦弱，令鹃妹你似一只落叶哀蝉。

顿挫分明、邈远悠扬、自然活泼的“马腔”。

当年角逐艺坛，犹忆促膝谈心，笑旁人称瑜亮；

今日栽培学业，独怀并肩同事，悲后辈失萧曹。

这是马师曾为薛觉先写下的挽联。英雄相惜，一时瑜亮；知音不再，茕然孑立。

马师曾，是粤剧大佬倌，不仅是演技精湛的表演艺术家，还是才华横溢的编剧，他塑造的关汉卿、屈原形象，至今无人能超越。

三百年来，粤剧舞台上，粤剧艺人塑造出一个又一个丰富的形象，至今还活在我们的记忆里。周恩来曾把昆曲比成江南兰花，把粤剧比成南国红豆。这恰切的比喻，暗合了红豆的寓意——相思。在日常烟火气里，佛山人对粤剧的感情，就是“玲珑骰子安红豆”，入骨入髓了。

凤冠

形状如打开的折扇，正面饰有一立凤为主要标志。传统的凤冠其凤嘴含有珠串，左右两侧各挂大穗一对。凤冠是戏中皇后、公主或贵妃等角色所戴的盔头。

▼

行当/刀马旦　剧目/《扈家庄》　角色/扈三娘

风展旗 枪映日 严壁垒 耳边听得擂起鼓声
问谁斗胆来侵犯
迎敌 迎敌 来一战 刀枪指处 管叫他东奔西窜
要贼寇 梁山再不敢犯

2017 年佛山复排演出《香花山大贺寿》

《香花山大贺寿》是粤剧四大传统例戏之一，讲述的是天上众仙给观音贺寿的故事，蕴含大量有鲜明广府特色的唱做程式、锣鼓音乐和南派武技，是极具传承价值的非物质文化遗产。在该剧消失了半个多世纪之后，佛山市非物质文化遗产保护中心和佛山粤剧传习所对《香花山大贺寿》进行挖掘、研究和整理，并于 2016 年 9 月启动复排工作。

当代粤剧

2006 年 5 月 20 日，粤剧被列入第一批国家级非物质文化遗产名录，并在 2009 年被列入人类非物质文化遗产代表作名录。与此同时，粤剧或者戏剧艺人一直在尝试革新，创作粤剧电影、粤剧动画电影、现代功夫粤剧等。

《白蛇传·情》剧照

功夫粤剧《将军令》剧照

《金叶菊》粤曲黑胶唱片，1906 年由美国 Victor 公司发行

英国歌林公司灌录的粤剧名旦余丽珍新戏

佛山的粤剧是活着的历史。粤剧之乡佛山，是历史延伸到当下的戏台，演绎着现实的精彩传奇。粤剧不只是一种戏曲，更是一种文化基因，流淌在佛山人的血脉中。大家都是戏中的角色，各有各的唱词，各有各的声腔，站定自己的角色，在天地之间尽情演绎自己的人生剧本。

CULTURE OF CANTONESE OPERA 粤剧

吾乃东海龙王敖广
今乃慈悲奶奶寿诞之期
吾等携带珠宝礼物前往与奶奶寿

行当/大花面　剧目/《香花山大贺寿》　角色/东海龙王

大武生

该角色擅演武打场面，动作威武、身手矫捷。在近代粤剧戏班的体制中，衍生出文武生一角，将小生和武生合二为一，演员须能文能武。代表人物《斩二王》中的张忠、《举狮观图》中的薛蛟、《三气周瑜》中的周瑜等角色。

剧目《白龙关》 呼延金定

文丑

该角色多扮演戏中性格滑稽诙谐、举止狡黠的人物。代表角色有《春草闯堂》的胡进，《山东响马》的广东老师，《盲公问米》的盲公。

剧目《一把存忠剑》 吴汉

剧目《春草闯堂》 胡进

刀马旦

该角色又称长靠武旦，穿长靠、盔甲，提刀跨马，专门负责表演戏剧里需要武打的角色。代表角色有《扈家庄》的扈三娘、《穆柯寨》的穆桂英、《十字坡》的孙二娘、《三休樊梨花》的樊梨花。

公孙衍

剧目《六国大封相》

须生

该角色面上挂须，故称须生，一般年届中年，多为性格刚毅的人物。代表角色《赵子龙拦江截斗》的乔国老、《穆桂英大破天门阵》的八贤王等。

花旦

该角色穿短衣长裤或配裙，扮演剧中年轻美丽的女子，人物性格一般是比较活泼天真，举止轻盈。代表角色有《帝女花》的长平公主、《紫钗记》的霍小玉。

（粤剧中不同的戏、不同的角色，可以采用相同的面部化妆，此处花旦照片只是扮相，无固定的人物。）

钟馗

剧目《钟馗》

花面

该角色又称“花脸”，借演员涂抹在脸上的面谱色彩和图案，表征性格突出的剧中人。花面脸谱以红、黑、白、蓝、黄五色为主。红色代表血性忠勇，黑色代表刚耿忠直，白色代表奸恶阴险，蓝色代表狂妄凶猛，黄色代表剽悍干练。代表角色有关羽、张飞、曹操、申公豹、钟馗等。

南海守一艺术馆粤剧戏院

CULTURE
OF
KUNG
FU

功夫 · 鸿胜馆大刀（局部）

功夫

十传十美——佛山十大传统文化风华录

CULTURE
OF
KUNG
FU

佛山功夫传天下

汪泉
中国作家协会会员
小说作家、诗人
广东人民出版社副编审

勤练习技不离身，
养正气戒滥纷争。
当处世态度温文，
扶弱小以武辅仁。
——咏春祖训

CULTURE
OF
KUNG
FU
功夫

武術之城

2019 年，冼可澄纪念小学功夫扇练习（上图）
2014 年，“刘家拳”英国功夫协会的 18 名英国弟子一行，来到佛山市祖庙博物馆内的黄飞鸿纪念馆拜师学艺（下图）

清嘉庆南海武状元姚大宁的官服

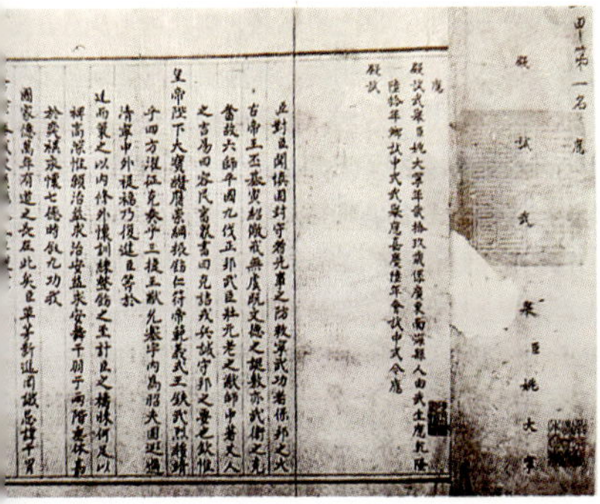

姚大宁殿试第一甲第一名策论

臣对：臣闻慎固封守者先事之防，敉宁武功者保邦之大。古帝王丕基寅绍，儆戒无虞，既文德之诞敷，亦武卫之克奋。（节录）

外地人认识佛山，大抵从功夫开始。

作为全国唯一的“武术之城”、中国南派武术的集大成之地，佛山武风盛行，武馆林立，现存洪拳、蔡李佛拳、咏春拳、太极拳、鹰爪拳、螳螂拳、六合八法拳、南家拳、周家拳、龙形拳、白眉拳等武术拳种。全市武术人口三十余万，约占全市人口的三十分之一，几乎每一个到佛山旅游的人，都想目睹传说中的“佛山无影脚”，几乎每一个佛山人，都会被人问：“你会不会功夫？”

黄飞鸿、叶问、李小龙，这些无人不知、无人不晓的功夫大师皆出自佛山。其中，最具国际影响力的李小龙，祖籍顺德均安，1954 年投师叶问，此后在美国创立截拳道，开设“振藩国术馆”，广收门徒。同时，他还拍出了《精武门》《猛龙过江》《龙争虎斗》等令人耳目一新的功夫片，那一声如侠客般的长啸，那快捷如闪电般的拳脚，那灵动如猿猱般的身段，至今仍留存于观众的脑海。2018 年，李小龙与迈克尔·杰克逊、玛丽莲·梦露、约翰·列侬等同时入选美国《时代》周刊“百年地球十大文化偶像”。

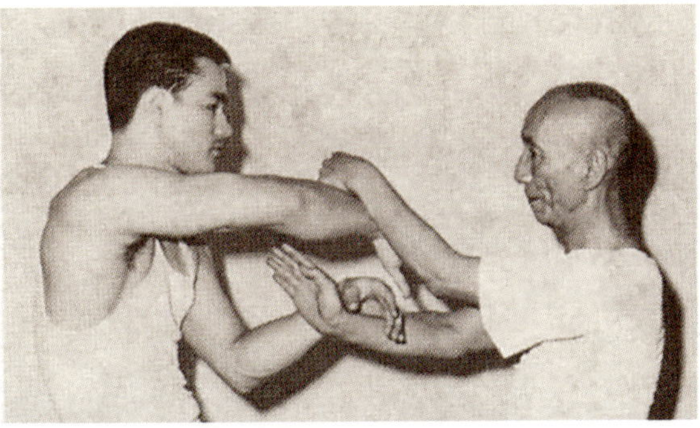

叶问（右）与李小龙（左）演练咏春黐手

一

中国古代武术有“南拳北腿”之分。日出于泰山之巅，空旷间，大开大合，蹿纵跳跃，舒展大方，这是北派武术的特点；月悬于小桥之上，竹林间，短桥寸劲，阔幅沉马，迅疾紧凑，这是南派武术的特点。

咏春拳便是典型的南拳流派，集大成者是叶问。如今的咏春堂位于岭南天地，进入咏春堂，还能看到叶问打木人桩的录像，虽垂垂老矣，却将木桩打得噼啪作响。北人习武，少不了沙袋，脚踢拳打，沙袋前后左右晃动，拳家辗转腾挪；南人习武，用的是木人桩，木人桩如如不动，人却要灵活使用臂膀拳掌，近在咫尺，招架的同时必得出击，容不得仅有招架之功，无还手之力，拳掌相化，偶或也要踹上一脚，木人桩便摇摇晃晃起来。我曾目睹岭南精武会一位老师傅打木桩的表演，手腕灵动转折，拳掌随机化用，脚步围绕着木人桩，移步换招，精彩纷呈。

咏春拳制胜一招叫标指，凝神聚力于上中下三肘之间，方寸之外，用指掌桥手做出各种动作，化险的同时出击。这种招式的发挥需要下盘格外稳。三角形最稳定，确乎真理；咏春拳站式成三角，两膝并拢，两脚分开，稳住了下盘，力道自聚于拳掌。若是冤家相聚于逼仄的小巷或小舟上，咏春拳定能发挥自如。

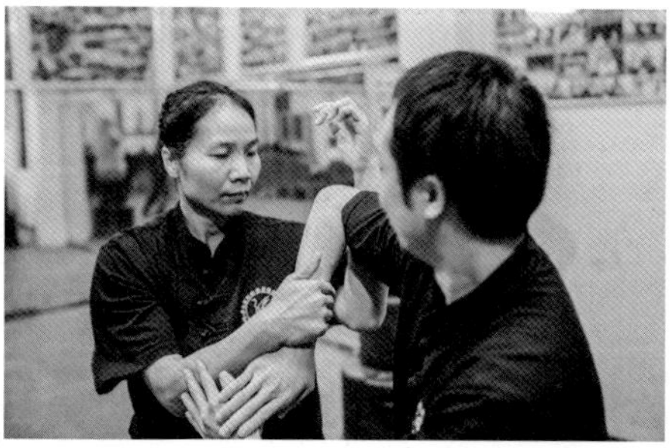

咏春拳对练

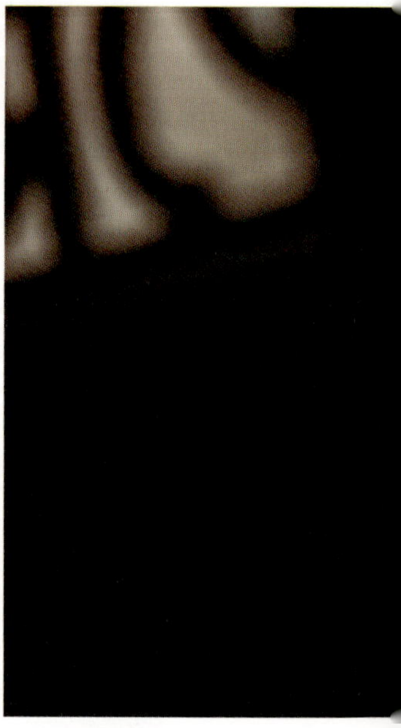

咏春拳

咏春拳是南拳体系中的内家拳种，具有刚柔相济、发力含蓄、后发先至等特征。拳术套路主要有小念头、寻桥、标指三套拳以及一套用于模拟对战练习的木人桩法，手法以摊、膀、伏三下手为主，脚法有咏春八脚，马步有立定的二字拑羊马、子午马，移动的转马、圈马等。

北方拳开招先是大开大合地铺陈，像极了古代一种文体——大赋，张臂掖臂，摆开架势，宏大叙事。这和古时习武健身的理念相关，以动作相邀对方，试探对方，吓唬敌手，往往架势尚未摆完，已经中招躺地。在许多的比赛或功夫片中，这种传统拳路遇上西洋拳击，往往吃了大亏。和北方拳路迥然有别，叶问的弟子李小龙在咏春拳的基础上创出了截拳道，快捷迅猛、实用耐战，拳头打出去，不及处，化为寸拳，延伸方寸，便可置敌于死地。

佛山是中国南派武术的集大成之地，崇文尚武。现存洪拳、蔡李佛拳、咏春拳、白眉拳、周家拳、螳螂拳、六合八法拳、太极拳、龙形拳、鹰爪拳、南家拳等武术拳种。

二

在佛山，功夫不是传奇，而是日常。

相传清同治十年（1871）三月的一个上午，豆豉巷巷口有一老者，70 岁上下，手执一条绑缚铁砣的绳索，随着他灵活自如地闪挪腰身，绳头的铁砣便若一个神奇的飞行器一般，虎虎生风，收放自如，忽而扑面而来，倏忽冲天而逝，如一只铁燕，看得围观者忘乎所以。这般动作，往往令人想起北方的揬鹰者，鹰就是

他的翅膀，而铁砣便是老者的拳脚。恰此时，一莽撞汉子从小巷中钻出，横冲而过，未及止步，被飞旋的铁砣击中头部，一时血流满面。好事者吵吵嚷嚷，要扭送卖艺老者去镇公所。此时，一个 15 岁的少年郎挺身而出，制止此事；少年身边的老者也上前劝和，为莽汉敷上随身药物，不取分文。一场意外的风波随之化解。事后，卖艺老者非要请卖药的父子去饮茶，三人坐定，卖艺老者

功夫与中医

传统武术讲求医武兼修，俗语谓："未学拳脚，先学扎马；未学扎马，先学跌打。"习武是技艺流传，也会双刃共存，因此也产生了医武共生的现象。佛山南家拳前辈精武善医，留存了大量的独门秘方和跌打治疗手法。

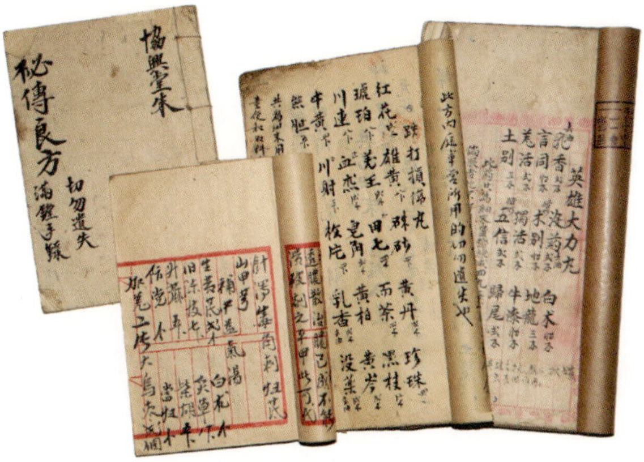

佛山鸿胜馆弟子朱恩保存的多种中医书籍

遂做自我介绍。少年才得知此人正是名满江湖的铁桥三之弟子林福成。为报答爷俩的施救之恩，林愿意将铁线拳法传给这个好心少年。卖药的老者也是练家子，他深知铁线拳不会轻易传人，随即令儿郎上前斟茶拜师。这少年正是黄飞鸿。

在佛山，一种拳家是有钱人，另一种多是穷人。叶问算有钱人，而洪拳的一代宗师黄飞鸿却是穷人。穷人练拳，拳脚再好，也不能顶饭吃。黄飞鸿就是先跟随其父走街串巷行医治病，然后才开始练拳脚。佛山有谚："未学武术，先学跌打。"学跌打何用？养活自己，济世救人。不管是洪拳、咏春拳，还是蔡李佛拳，这一点是相同的。学医先习人体结构、经络穴位，如此，打架才能找到致命处，被打断了腿脚也会自疗。当然，学会了接骨疗伤之术，还要学会识得草药，更要懂得制药。岭南温热，千草百卉，随手采来，制成消肿止痛、跌打损伤、祛湿解毒之药，造就了佛山"成药之乡"的美名。

若是清末、民国时期，走在佛山街头，看到开医馆的，可别

中医正骨

佛山中医团队归纳前人的经验，结合自身的临床经验，研发出"正骨十四法"：触摸辨认，擒拿扶正，拔伸牵引，提按升降，内外推端，扣挤分骨，屈伸展收，旋翻回绕，接合碰撞，抱迫靠拢，扩折反拔，摇摆转动，顶压折断，对抗旋转。

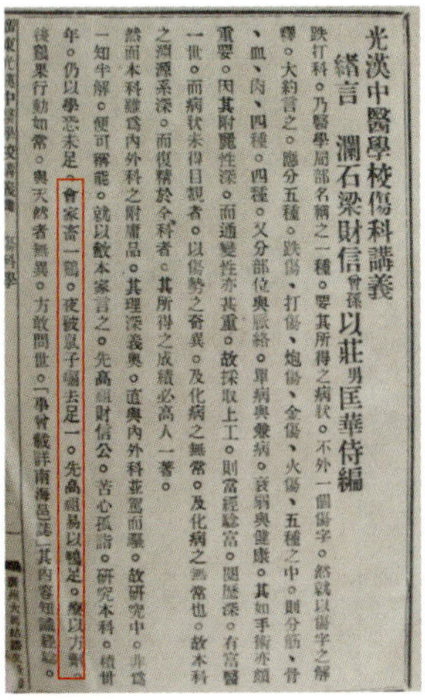
光漢中醫學校傷科講義
緒言　瀾石梁財信曾孫以莊男匡華侍編

《光汉中医学校伤科讲义》记载了“梁财信驳骨，鸡脚换鸭脚”的故事。

以为他们仅仅在卖药，说不定馆主就是一代拳师，如咏春拳宗师梁赞开设“荣生堂”医馆，洪拳一代宗师黄飞鸿开设“宝芝林”医馆，阮奇山家族有“阮时和堂”，还有陈华顺医馆、梁细苏医馆、李广海医馆，遍地皆是，不胜枚举。

民国时期，佛山澜石就有一家“梁财信医馆”，誉满天下，前来就医的外省患者络绎不绝，尤其以治疗跌打损伤为最，民间有“梁财信驳骨，鸡脚换鸭脚”之说。

佛山中药业

民国《佛山忠义乡志》记载：光绪年间佛山有参茸店数家，生药材店 10 多家，熟药店 40 多家，西土药材行数家。其中包括梁仲弘、冯了性、黄祥华、李众胜堂、源吉林等延续至今的老字号。

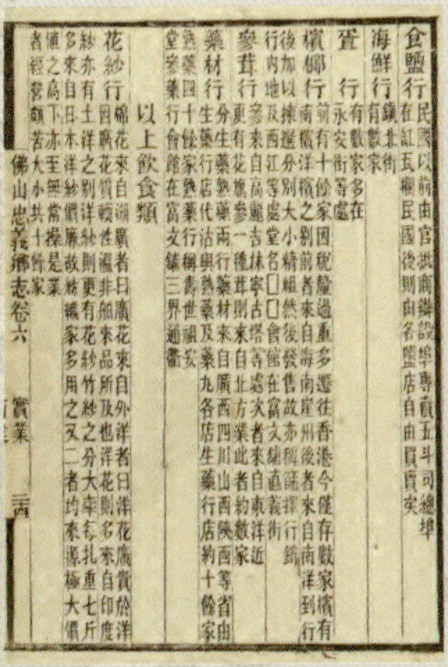

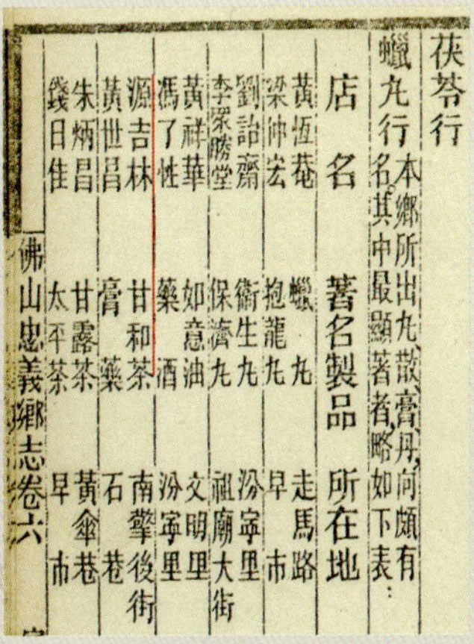
茯苓行

蠟丸行，本鄉所出丸、散、膏、丹，向頗有名，其中最顯著者，略如下表：

店名	著名製品	所在地
黃恆菴	蠟丸	走馬路
梁仲宏	抱龍丸	早市
劉詒齋	衛生丸	汾寧里
李眾勝堂	保濟丸	祖廟大街
黃祥華	如意油	文明里
馮了性	藥酒	汾寧里
源吉林	甘和茶	南軬後街
黃世昌	膏藥	石巷
朱炳昌	甘露茶	黃傘巷
錢日佳	太平茶	早市

佛山忠義鄉志卷六

成药之乡

佛山是岭南成药业的发祥地，成药业的发展可以追溯到 400 多年前。其时，中成药有药效显著、适应性强、适用面广、携带服用便捷等优势，解决了民众的医药需求。经过多年的发展，佛山中成药的配置与销售以商号为单位，集治疗、熟药、成药的配置销售于一身，并将这种模式延续了数百年。

（1）

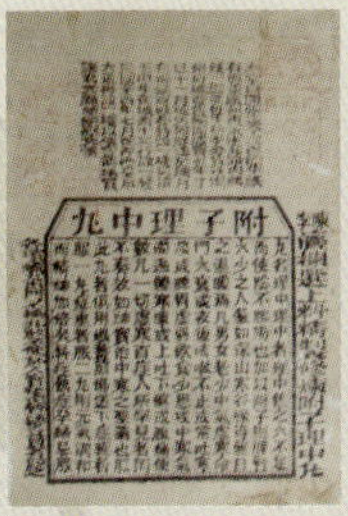

（2）

（3）

（4）

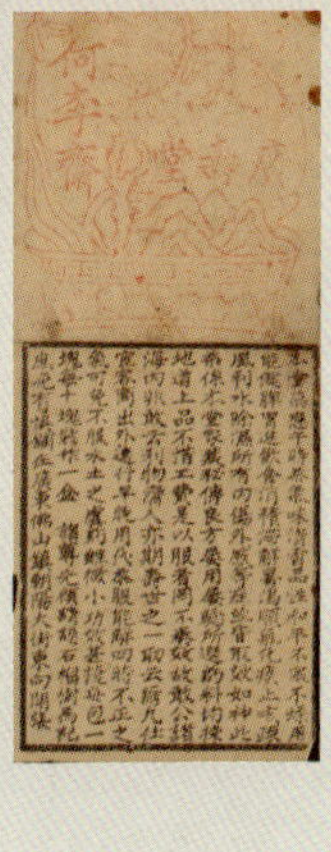
（5）

近代以来佛山中药店产品广告一览

（1）南海老逸初“三蛇祛风药酒”广告
（2）1921 年陈李济“附子理中丸”仿单（说用书）
（3）梁财信联合总铺跌打丸药单
（4）1943 年何明性堂发行“撞红丸”防伪券
（5）佛山广寿堂何李斋午时茶仿单（说用书）

三

文者为儒，武者为侠。侠之大者，为国为民。

1842 年 8 月 29 日，香港已经被英国侵占，彼时据说香港海拔 280 米以上的地方不准华人居住，太平山顶上居住的都是洋人，但在广府人心中，香港始终还是自己的香港。

坊间流传着这样一个故事。1876 年，20 岁的黄飞鸿血气方刚，一日，一个令人羞愤的消息传至佛山：一个张牙舞爪的英国人在香港设擂，专门挑战华人，无人敢应战；更可气的是这“番鬼”（旧时广府人对洋人的蔑称）手牵一头如牛犊大小的洋犬，放言要战他，先战胜他的恶犬再说。这就意味着嘲讽华人连一条洋狗都打不过，更别说打狗主人。这显然是对华人的刻毒侮辱。闻听此话，黄飞鸿二话不说，从佛山直奔香港。彼时，国人路过香港擂台，尽皆羞头掩面，不愿意直视那条恶犬，那是他们的灵魂之耻。黄飞鸿飒然而至，当他跃上擂台的那一瞬间，掌声雷动。他使出“猴形拐脚”，三拳两脚便将那条大洋犬击毙。至此，狗主人方才龇牙咧嘴登台，黄飞鸿既不抱拳，也未施礼，开战便使出“无影脚”，朝洋人飞踢而去，洋人来不及躲闪，正中面门。趔趄之间，黄飞鸿又使出“鬼王拨扇”，没几个回合，那洋人便和死狗躺在一起。自此，黄飞鸿和佛山功夫的大名远播海内外。

蔡李佛鸿胜馆创始人张炎从一开始就定下了收徒“三不”原

则：官吏不教，土豪恶霸不教，流氓地痞不教。如此，鸿胜馆徒弟多是佛山工人，剃头者、挑担者、冶铸者、铁钉者、铁线者、打铜者、金箔者、缫丝者、织棉者、制陶者，不一而足。彼时，鸿胜馆除衙旁街的祖馆之外，广设分馆，习武者数以万计。

1922 年春，经梁复燃介绍，鸿胜馆弟子钱维方、梁桂华等加入共产党。一时，如星星之火引燃，各行业工会组织纷纷成立，呈燎原之势，遍布佛山。

1927 年，蒋介石在上海发动四一二反革命政变，接着，广东

蔡李佛拳

蔡李佛拳，讲究腰灵膊活飞砣劲，偏身出手快如风，腾挪闪避进退稳，横标直插腰腿功。大刀拦门寨、朴刀、梅花枪、英枪、六点半棍、双夹单棍、双头扁拐、伏虎大扒、锄头、长凳，甚至是一条毛巾，都是蔡李佛拳弟子的武器。

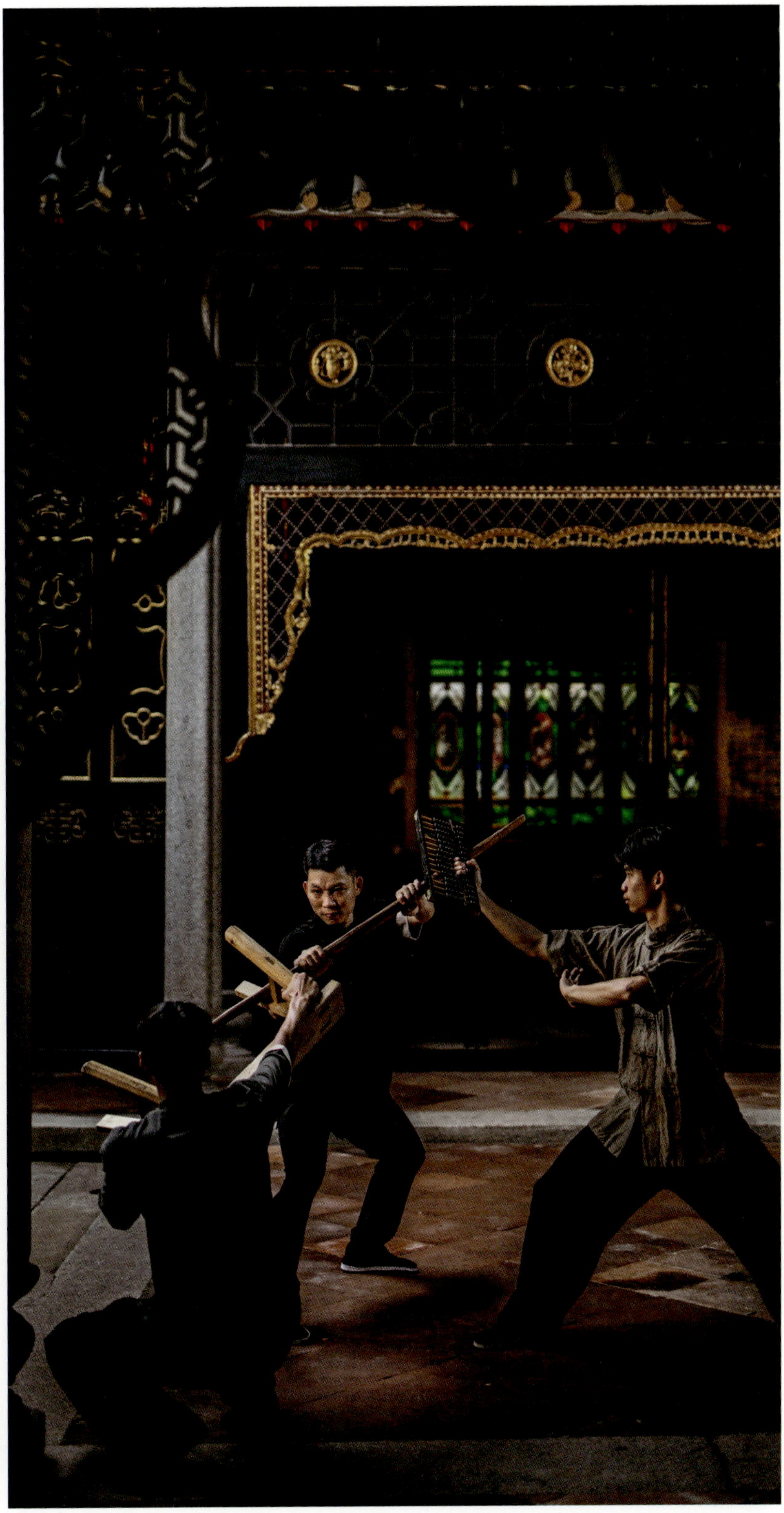

各地国民党发起了四一五反革命政变，这些习武者挺身而出，血洒佛山街头，鸿胜馆无奈暂时关闭。一些习武者逃亡外地，火种在他乡暗燃。同年12月11日，广州起义打响，这些火种复聚，血沃广府。十年后，鸿胜馆开放秘籍，在各地传授“杀敌大刀”，组织了义勇军，义无反顾地投入了抵抗日寇侵略的滚滚洪流。

祖庙演武厅功夫表演（上图）
南海茶基村武术爱好者刀法对练（下图）

2018年7月21日，来自巴西的蔡李佛拳弟子一行36人，到佛山鸿胜馆寻根祭祖，与佛山同门师兄弟切磋武艺

四

天下功夫出少林，佛山功夫传天下。如今，佛山功夫早已遍布全球，传人们在新加坡、马来西亚、委内瑞拉、加拿大、美国、英国等数十个国家开设医馆施药救人，开设武馆传习功夫。

仅蔡李佛鸿胜一脉，经过百年发展，在世界各地同门弟子已超过百万。传人陈锦辉在委内瑞拉授徒 20 余年，曾任该国国防部、警察总部武术总教官，该国上至总统，下至平民均习过蔡李佛拳。

“你知道为什么刀得有鞘？”“因为刀的真意不在杀，在藏。”这是电影《一代宗师》中的一句台词，也是佛山人共同的认知。

武术拳谱

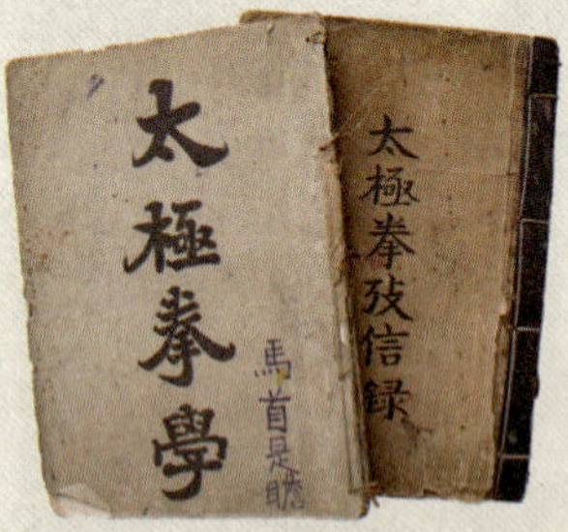

民国年间出版的太极拳拳谱

林世荣虎鹤双形拳图示

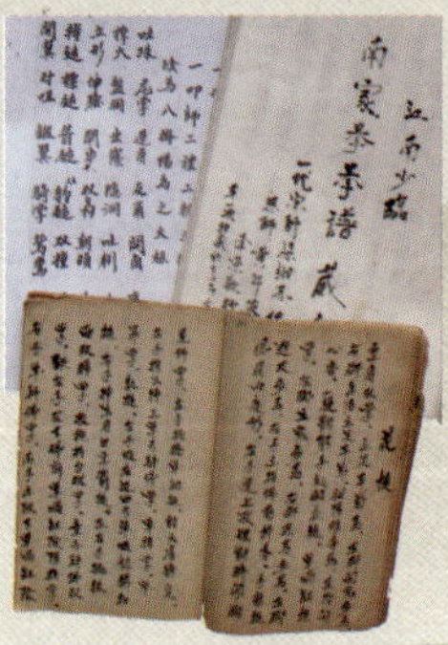

南家拳门人传抄的拳谱

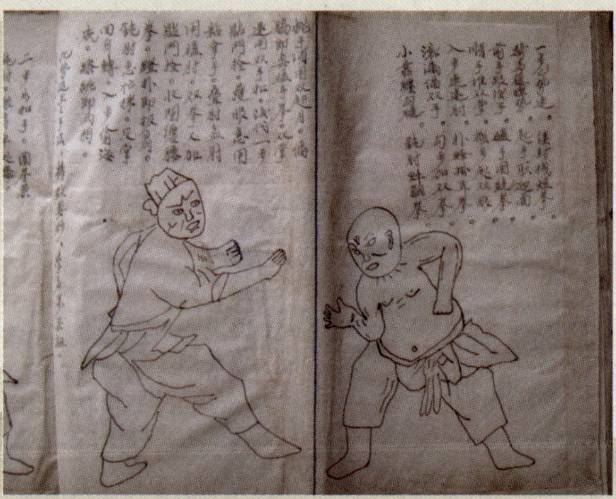

螳螂拳“罗汉短打”拳谱

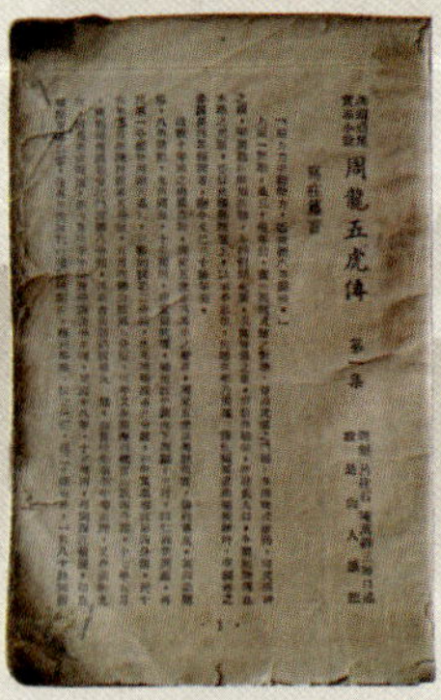

民国时期“我是山人笔记”出版的《周龙五虎传》

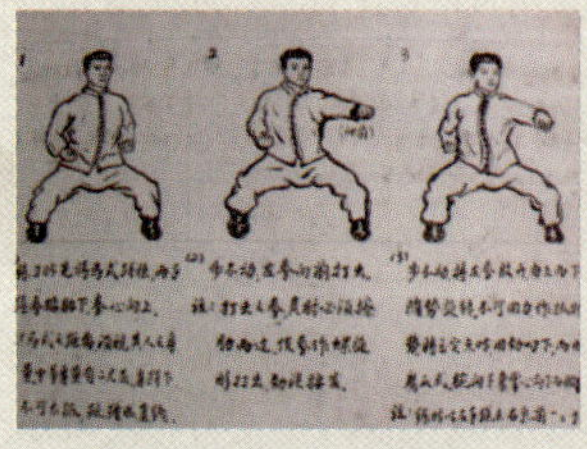

鹰爪十路行拳拳谱及笔记

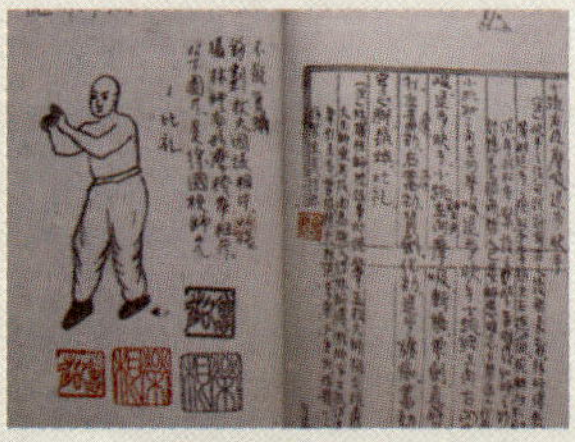

龙形摩桥拳手稿

佛山人习武成风，但这里并不是一个刀光剑影、要棍弄枪的地方，相反，你处处都能感受到“尚武崇德”的淳朴古风。历经数百年的传承与发展，佛山功夫早已凝结成一种迅疾、灵动、务实的精神，这不仅是功夫的精神，也是城市的精神。

CULTURE OF KUNG FU 功夫

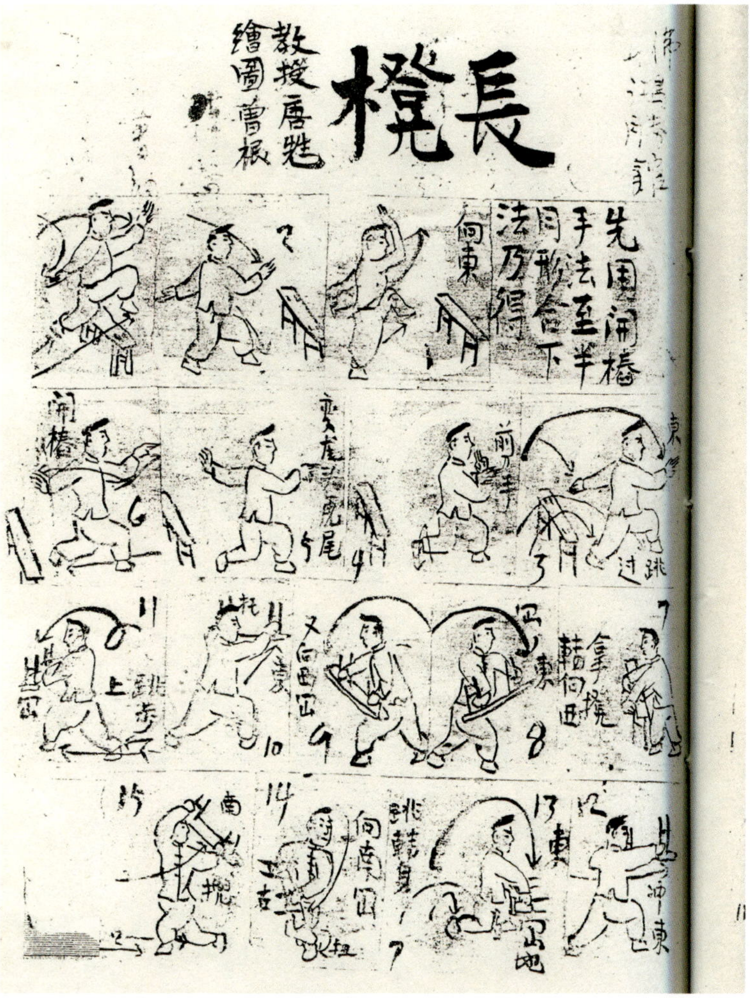

长凳图谱

DRAGON
BOAT
CULTURE

龙舟 · 龙头龙尾（局部）

龙舟

十传十美——佛山十大传统文化风华录

DRAGON
BOAT
CULTURE

奋楫竞渡勇争先

李健明

文化学者、资深翻译
央视纪录片《寻味顺德》文化顾问、重要撰稿人

积雨连旬朔，江村乐事稀。
忽闻金鼓震，争讶木龙飞。
雪浪滔天涌，旌旗向日挥。
晴飙云里发，应跨彩虹归。

——明·庞尚鹏《晚眺祈晴闻龙舟出海》

北人赛马，南人竞渡。

在佛山，一年一度的龙舟盛事，是从“起龙”开始的。

“四月八，龙船透底挖”，每年农历四月初八，南海盐步龙涌村都会举办这项古老而隆重的仪式。

吉时一到，主持人宣读祭文。参与“起龙”的“桡手们”跳入河涌，舀去龙船身上的河水和淤泥，沉睡了一年的老龙终于“出水”了。这一瞬间，欢呼声、鼓掌声、锣鼓声、鞭炮声如潮涌来，古老的河涌，变成了欢乐的海洋。

盐步老龙赴广州泮塘探“契仔”

浮出水面的这条龙舟，当地人称盐步老龙，是国内最古老的龙舟，2024 年已是五百九十二岁“高龄”。相传，明宣德七年（1432），南海盐步村民合资制作龙舟一艘，除却龙头、龙尾，长十一丈，座六十八席。颊长须白，极为罕见。从此，盐步龙舟每次竞渡都过关斩将，锐气难当，更一马当先，折桂夺冠。

四百多年前，盐步龙舟与广州荔湾泮塘龙船因一场龙舟竞渡而结成“父子”，一直保持“探契仔”“迎契仔”等古老礼俗，将人间的温情融入龙舟，成为融汇四方资源与深化沟通的黏合剂。

相传，慈禧太后得知此事后，深为赞赏，将盐步龙舟命名为“盐步老龙”，更赐十二支雉鸡尾、一面百足旗以作标志。自此，盐步老龙不再参与竞赛，只作河上游龙。百足旗飘扬，长白须迎风，历代奉为盛景。

盐步老龙

盐步老龙由木质坚硬沉重的坤甸木制成，能抵抗腐蚀和虫害，适应潮湿环境而不被损坏，但日晒会导致其干裂。因此，龙舟赛后会被埋入淤泥中保存。

盐步老龙正式起龙出水

龙舟开线落墨

在每条龙舟正式开线落墨之前，制作龙舟的师傅需选一个良辰吉日，焚香烛拜神，祈求龙舟制作顺顺利利，龙舟制成顺风顺水、龙头旺相。

"压尽群龙"石匾

发现于杏坛镇北水村的康熙乙卯年（1675）"压尽群龙"石匾，反映出清代顺德赛龙盛况。

一

佛山龙舟文化的起源，最早可追溯到西樵山。

六千多年前，佛山周边一片汪洋，只有西樵山傲立碧波。先民们在山上打猎采果、划舟游弋。他们凿石山中，制成石刀、石斧和可两手并用、更具力度的双肩石锛。

西樵山人北上云贵，南下老挝、越南，更随洋流缓缓抵达太平洋诸岛，在广泛传播石器文化的同时，锤炼出一代代长距离水上舟楫的好手。

在挥桨划舟的过程中，佛山先民常遭水中猛兽袭击。他们断发文身，面涂龙形，舟刻龙蛇，祈求不遭侵害；他们头插羽毛，船头雕飞鸟，祈愿忠义不离的神鸟带来安慰与福音；他们更在飞速划船中拍船身、齐呐喊，以震慑河中蛇鳄。天长日久，渐在彼此飞桨奔驰中形成水上竞渡雏形，其舟楫更定型为鸟舟。古老鸟舟，折射出悠久的神鸟崇拜风尚。

人们熟知的龙舟，昔日多用于宫廷内竞渡游玩、帝王休闲赏景或用作训练水军、水上战船。

中唐以后，龙舟逐渐代替凤舟或鸟舟流入民间。

南宋后期，龙舟大量涌入民间，成为竞渡主角。

宋末，大量南迁移民将龙舟文化与鸟舟民俗融为一体。

明代，佛山经济繁盛，水运发达。农闲工暇，佛山人最喜斗龙舟以为戏。获胜者簪花挂红，邀友举杯痛饮，至今，此风仍盛。

明代以来，龙舟已成为佛山民众竞技、做戏、结盟的神圣之物。如今，"压尽群龙""超然高举""龙门一跃""渡江一苇"等清代石匾散落乡村深处。

如果说祠堂是家族静态的图腾，让人们慎终追远，进退如意，龙舟则是家族动态的图腾，让人们齐心协力，迎风破浪，排除万难，折冠夺魁。

龙江新龙下水

“扒得快，好世界。”改革开放之后，龙舟开始演绎新的传奇。

1979 年，顺德人率先冲破阻力，以通天埠五人桡龙舟大赛开启当代佛山龙舟竞渡新历史。1980 年，始于明嘉靖年间、中断逾百年的“半山扒龙船”再现西樵山天湖。自此，每年农历五月，南海西樵山上的天湖锣鼓喧天，彩旗飘扬。苍碧湖面，龙舟如箭，岸上呐喊震天。1982 年，刚恢复建制的高明县在沧江河上举办首届龙舟大赛。1983 年，顺德人组成首支县级龙舟队、女子龙舟队，研发“顺德桡法”，夺桂扬名。2011 年至 2023 年，顺德龙舟俱乐部乐从龙舟队夺得金牌 425 枚，成为从水乡划向全世界的龙舟劲旅。南海九江男子、女子龙舟队征战四方，折桂踏鳌。

南海叠滘村龙舟漂移更是将速度与激情表现到了极致。

1956 年，南海叠滘扒龙船的情景

1980 年，顺德北滘三洪奇河段龙舟大赛

1980 年，南海西樵山“半山扒龙船”

2011—2023 年顺德乐从龙舟队参加国家级、国际级龙舟赛事成绩

年度	金牌	银牌	铜牌
2011	20	6	3
2012	44	5	0
2013	28	14	8
2014	25	16	4
2015	33	15	13
2016	56	9	2
2017	59	12	1
2018	44	22	3
2019	48	26	7
2020	3	3	2
2021	11	3	0
2022	15	3	0
2023	39	9	1
总计	425	143	44

2008—2024 年九江男子、女子龙舟队参加国家级、国际级龙舟赛事成绩

年度	金牌	银牌	铜牌
2008	9	3	0
2009	13	10	2
2010	36	11	3
2011	19	6	3
2012	30	2	3
2013	28	18	5
2014	25	14	9
2015	40	26	23
2016	50	38	20
2017	53	35	17
2018	48	15	8
2019	33	33	18
2020	4	2	2
2021	14	0	0
2022	16	3	0
2023	16	4	6
2024	8	5	2
合计	442	225	121

有限公司
都

大龙头

大龙头有涂金漆的也有涂红漆的，有黑须或白须，每个龙头都是张口见舌，舌面上有龙珠滚动，丫角高翘，威风凛凛

“宁可煲烂，不可扒慢”，龙舟在狭窄河道上快速漂移通过弯道，其中的力度把握与角度切入，是熟能生巧与团结协作的高度融合。那“一鼓转三弯”的惊险与刺激，令人叹为观止，而和衷共济、刚柔并济、百折不挠、一马当先正是佛山龙舟文化的内在精神，更上升为佛山的城市气质。

龙舟说唱

又称龙舟、龙舟歌、龙洲歌、顺德龙舟。有两种演唱方式：一种是沿街卖唱。逢年过节，挨家串户演唱吉利词，博取住户打赏零钱、食物，又称吉利龙船。另一种是说唱故事。

二

四月将尽，乡人们开始密锣紧鼓地筹备各种事项。除了张贴歌标，还按照惯例敬送游龙拜帖，约定竞渡或彩龙竞艳时间。村中妇人更是忙个不停，制作各种三角形龙船符。这是古老的吉祥物，有着美好的寓意。母亲们会将龙船符缝进小孩衣衫中，年轻人则将其吊挂车中，让平安吉祥四季相随。

接下来，便是一年一度的龙眼点睛。

龙眼点睛是佛山龙舟文化最要紧之处，是太阳崇拜原始古风的微妙遗存，也是点睛破壁、一飞冲天的美好祈愿。在顺德区勒流镇，凡龙船下水前，必在五月初三来到龙眼太尉庙点睛，而新龙船则头披红布，由庙中主持人揭开后进行朱砂点睛。

龙眼点睛

朱砂一点，龙眼始开，画龙点睛，顺风顺水。

南海大沥镇盐步龙涌的“祭龙”仪式

太尉相传为西汉名臣周勃，其忠诚耿直，历代称颂。乡人请周勃镇守此庙，以期正气满堂。

吉时一到，主持人左手捧起盛米酒研开朱砂的海碗，右手紧拈满蘸朱砂的毛笔，神形庄重。

他在众人屏气目睹下，重重地点向龙头双眼，同时高喊：“点开慧眼放光明。”大伙儿高喊：“好！”他又在龙脊上用力点上一笔，喊：“国泰民安！”大伙儿又高喊：“好！”点完龙尾，他顺着龙尾巴翘起方向朝半空划去，高喊：“一飞冲天！”大伙儿又齐声呐喊：“好！”声震瓦檩，其雄壮深沉、一往无前的气势，让人强烈感受到大地深处一直奔涌的澎湃生命力。

乡人坚信：点睛后，龙舟会获得来自上苍、名臣、神明三重力量的注入。自此，龙舟可一帆风顺，百战百胜。

三

五月初八，所有的龙船都会偃旗息鼓，来到南海区大沥镇黄岐村、顺德区杏坛镇龙潭村龙母庙叩拜龙母，感恩去年护佑，祈祷此年安顺，此为“乡例”。

顺德杏坛龙潭“龙母诞”彩龙巡游

顺德“龙母诞”拜龙母

相传，此日为龙母诞辰。龙母本姓温，据说为秦代程溪（今属广东云浮）人，其父在广东德庆为官。据传龙母具消恶除水、降祥辟邪神功，后朝廷册封她为龙母娘娘，道家奉其为水府元君。南宋以来，龙母庙香火鼎盛。

这一天，人们从四方八面涌到龙母庙两岸，尽情欣赏彩龙竞艳。彩龙竞艳是龙舟的柔性呈现：彩旗、罗伞、神楼、龙牌、大鼓、花篮，温雅绚丽，热烈奔放，一马当先的雄勇变成了信马由缰的从容，而彩旗上大书社坊名号，与龙尾所插龙牌首尾相应，构成正宗庄严的身份；小神楼为龙舟所在社坊土地神，保护着龙舟从遥远乡村一路顺风顺水地划过来。鼓手轻重缓急的鼓点，指引着龙舟进退行止；或飘逸、或激扬的笛声，深深吸引着观众注目欣赏。鼓点与笛声，刚柔相济、阴阳相合，暗循礼乐。

古代，世界各地的人们常以木舟将垂死者或不祥物运往远方，以免族人遭受感染或身罹灾难。因此，佛山龙舟也深藏远离恐惧或死亡威胁的原始含义。

帅旗

帅旗是本村落的独特标志，通常放置在龙舟鼓的后方。帅旗形状各异、色彩斑斓，远远望去，人们就能轻易辨认出这艘龙舟所属村落。

龙舟泼水，全民狂欢

彩龙尾倒吊花篮，隐藏“花草端午皆草药”之古意，隐隐与古代龙舟辟除不祥的古风遥相对应，而莲蓬尖刚好贴到水面。它划出的水波化作不断晕开的涟漪，寓意着船上所承载的不祥随涟漪远远漂走，递送到无边远方。

不过，人们最关心的还是那迎风飘扬的彩旗、铿锵的锣鼓声和充满喜庆热闹气氛的龙舟泼水。因为，那是全民狂欢的高潮，更是特别而直白的送福致祥。

◀ 龙舟制作使用的手工工具：
锛、凿、刨、锯、钻、墨斗、水平仪、各种尺子等。

▲ 龙舟制作九道工序：
选材、开线落墨、下底骨、造脚旁（龙船底）、上大旁、做坐板、起旁、做龙头、扎龙筋、打磨抛光和喷油上蜡。（一般游龙或是老龙多用坤甸木制造而成，现代竞技赛龙多选用轻巧的杉木、柚木。）

在祠堂举行龙头祭拜仪式后，龙舟队员将龙头送回龙舟处

南海九江五人龙舟赛场面气势恢宏

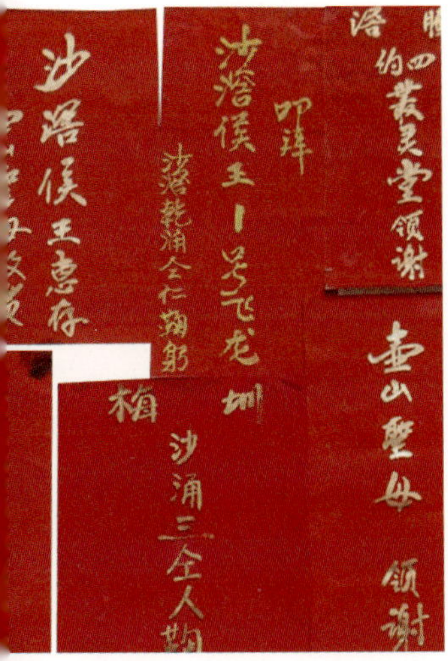

龙船谢帖

龙舟帖分为请帖、拜帖和谢帖。谢帖主要用于向被拜访者展示来访者的身份，并请求接待和帮助。同时，也表达对主人的感谢之情，通常在龙舟节前夕或当天送出。

四

扒完龙舟，当然要吃龙船饭。

早在四月，社坊就张贴好龙船饭举行时间、菜式、价钱的告示，乡人自发订购。那是乡人最为自豪的时刻，他们会邀请至爱亲朋、合作伙伴共赴盛宴。

吃龙船饭被乡人认为是“人神共享”的神圣时刻。菜肴大多充满吉庆含义，但节瓜粉丝煲必不可少，不仅因为它是应节佳肴，更因为源于古老祭祀传统“瓜祭”。古人切瓜作环形，上环为瓜蒂处，下环为脱花处。祭祀时以上环作祭品。因其连花带叶，下接果实，表达节瓜整个生命历程，也暗含瓜瓞绵绵、无穷无尽的吉祥寓意，更折射出瓜熟蒂落、不忘其本、繁盛甘美等多元含义。

吃过龙船饭，饮了龙舟酒，全年身体健康无忧愁。一顿龙船饭，满怀吉祥意。母亲们总是带上一只碗，临走时盛上一碗龙船饭，让家中的孩子分享，感受来自龙舟的护佑。

五月末，龙舟活动渐入尾声。人们慎选吉时，将龙舟头朝村心，尾朝村外，敬送河中，往日活跃的神龙再次静隐河底，化作河中神明，护佑着往来船只、岸上乡民。

吃龙船饭

食过龙船饭，全年唔使烦。

抬龙舟过江

每年农历五月初一，高明墨编村中青年壮汉们从村口龙舟亭里唤醒老龙舟，顺着河涌环绕一周，进行“游龙”。之后，村民们再将长达33米、重4000余公斤的老龙舟抬起，顺着村中小道直抵沧江河堤，延续着“抬龙舟过江”这一古老习俗。

龙狮 · 醒狮（局部）

龙狮

十传十美——佛山十大传统文化风华录

CULTURE
OF
DRAGON
AND
LION DANCE

龙狮腾跃天地兴

岑孝贤
专栏作家
儿童文学作家
佛山市民间文艺家协会副主席

上元，自十二日至望日，辄张灯，放烟花，舞狮龙，箫鼓喧闹，游者达旦。

——清·《三水县志》

CULTURE OF DRAGON AND LION DANCE
龙狮

大头佛引领醒狮通过九江烟桥古桥

木版年画《庆贺元宵》，反映出清代佛山元宵舞狮的热闹场景

佛山祖庙清代云龙纹浮雕双面照壁

1947 年 1 月 30 日（正月初九），南海盐步江心村新祠堂醒狮采青

一

认识佛山，先要认识龙、狮两头瑞兽。

龙是民间最旖旎的想象之一，人们通过舞龙来祈雨，“鱼龙漫衍”之戏，最早起于秦汉。龙无真身，但狮子有。西汉张骞携丝绸、币帛出走国门，越过大漠孤烟，带回异国的宝石蜜瓜，也带回一群亚洲狮子——这是关于狮子的最早传说。后来，汉代俘虏的胡人，扮演“狮人”起舞。自此，由北至南，至唐代宫廷，成了狂欢之戏。

两宋之际，战事频密，大量的人口迁徙至佛山，扎根于这片蛇虫异兽出没的“南蛮”之地，他们头顶狮头，身披狮皮，敲锣打鼓驱逐凶兽。一头头色彩绚丽的瑞兽，伴随人们穿越战乱和饥荒，如种子落入多情的土地，从此生根发芽，枝繁叶茂。

20 世纪 50 年代的佛山乡村，村村都有狮队，单是我的家乡

南海松塘古村舞狮贺新春

晚清时期佛山醒狮——黎家狮

1995 年春节，南海大沥醒狮盛会盛况空前

顺德区勒流街道众涌村醒狮巡游

三水芦苞，狮队已达四五队。到了70年代，农事深耕，元宵节、“北帝诞”，夜幕下舞龙游走在北江河畔，与花灯辉映，现出岁月静好。而我对舞狮最早的印记，来自听觉。大年初二一早，睡梦中的我被鼓乐唤醒，佛山醒狮的三七星大鼓雄浑有力，“有舞狮睇——”粤语发音直白，从高处落下，紧接着鞭炮连绵，响彻岭南小巷、镬耳老屋。又闻父母嘈嘈切切，煮厨窗下，孩子跑在一头红狮后雀跃欢呼。“凤箫声动，玉壶光转，一夜鱼龙舞。”成年后读辛弃疾的词，又记起乡村祠堂，一头醒狮出入祠堂，两头石狮守护门前，伴着祭祀祖先的香烛，喜宴一字排开，白斩鸡、清蒸鱼、莲藕焖猪肉，我恍然大悟，醒狮留给老佛山人的春节，原来是一场家宴。

二

南狮出岭南，又叫醒狮。粤语中的“醒”，一字多义，与众不同，“醒目”即聪明，“醒神”即有精气神。

醒狮的醒，首先是醒形。狮子是天上神，传说是文殊菩萨的坐骑。佛山传说里的狮子是沉睡的，要人唤醒。唤醒一条龙，要点睛，唤醒一头狮子，要“开光”。“开光”的人要德高望重，“呔”一声，执金笔点狮子耳朵，耳能听八方，点嘴巴，能有吃有喝，最后还是要点睛。随着一记鼓槌击落牛皮大鼓，狮子“噌”地睁眼，头顶一只独角，力大无穷，额上印堂一方明镜，照出万物原形，妖魔鬼怪大惊，落荒而逃。

其次是醒魂。醒狮最早名为瑞狮，“瑞”即吉祥纳喜，后发现与“睡”同音，入睡之狮，混沌、懵懂，兼有懒意。从睡到醒，早见梁启超与曾国藩儿子曾纪泽忧国忧民的“睡狮论”：“纵之卧则安寝无为，警之觉则奋牙张爪。”晚清积贫积弱，国人被称作“东亚病夫”，国家被喻为“睡狮”，佛山为武术之乡，有咏

醒狮

南狮昔日称“瑞狮”。粤语“瑞”“睡”同音，近代以来，随着中国“先睡后醒论”的广泛传播，“瑞狮”改为“醒狮”，希望借由表演“睡狮猛醒”来唤醒国家、唤起同胞。醒狮头上装有狮角，佛山狮头以笋角为主，用以突出狮子威武形象。

春拳、洪拳、龙形拳、蔡李佛拳等，熟悉刚烈的南派武术之人，咽不下这口颓废之气，改“睡”为“醒”，南狮因此又称醒狮，龙腾狮跃，有了振作的大意韵。2006年，醒狮文化入选首批国家级非物质文化遗产名录，从而奠定了“天下醒狮，皆出南海”的地位。

20世纪90年代末，大量的人从乡村走向城市，老行当日落西山，具有忧患意识的佛山人，开始觉醒。这个“醒”，是警觉，是认识不足，如何适应？也许要破釜沉舟、壮士断腕。南海人当仁不让，从传统套路、动作招式、趣味性、戏剧性、观赏性上推陈出新。这是一场政府与民间的接力，龙狮从百年传统的民俗活动，到群众体育项目，然后归为现代竞技，创新十二只醒狮的“南海狮团”，一路走来，不知道摸了多少石头才过的河。西樵山天湖上，二十三条梅花桩高立，蘸着水天一色的秋色，黄飞鸿杯狮王争霸赛，一舞就是数十年。

还有一醒，是醒神。民族敲击乐器意志高昂，鼓是当中大物，坊间视为通天神器，用于祭奠或战事，击鼓振魂，惊天动地。佛山醒狮鼓有三、五、七星打法，低吟时如轻歌曼舞，高扬时如当头猛喝，配以锣钹，更有泼水之势。

形、神、魂都醒了，才是真的醒。

南海桂城叠南茶基村水上舞龙

三水芦苞祖庙舞龙

大彩金龙亮相墨尔本蒙巴节

1979年3月，佛山制作的90米大彩金龙亮相澳大利亚墨尔本蒙巴节，受到市民极大的欢迎和热烈的喝彩。这次展示，使佛山被誉为“中国彩龙的故乡”。

三

南北方舞龙舞狮，都是热闹喜庆，但表意有所不同。

单说狮子，北狮子分雌雄，阔口大目，要杂生趣；南狮雌雄合一，又称雄狮，阳气十足，驱魔纳吉，意味多重，要舞出“意”来，意难揣摩，也难表现，里面有人的百态。

当年周庄梦蝶，人和蝶浑然一体，在梦境中构画一个理想的人生境界，自由自在，天真烂漫。人落入狮身，腾腾舞动，舞出喜怒哀乐、动静惊疑，人做狮子，狮子成人，同样浑然一体。在我看来，这是佛山人寄寓美好的一场梦境，用一头狮子讲故事、讲道理、讲欢喜、讲风土人情、讲人生的起承转合。还讲了人生路，要闯阵，上高桩、采青，其间遇蛇、遇蝎、遇桥、遇山、遇雾霭，被舞狮人密密编入狮戏，一一设置机关桩阵。

龙有蛟龙、应龙、螭龙、虬龙，春舞青龙、夏舞赤龙、秋舞白龙、冬舞黑龙，一派威风，祈求风调雨顺、五谷丰登。南狮身披彩布，狮头取粤剧戏曲脸谱，用色奔放热烈，又与《三国演义》联姻。红狮关羽是文狮，胜利之狮，忠义荡涤；黄狮刘备是文狮，仁义厚道，泽被苍生；黑狮张飞好斗，爱憎分明，敢于言表；鲜为人知的还有一头白狮，白如霜雪，用于丧事，称作“孝狮”，由生至死，意味深长。

大意之后，还有小意。佛山人的幽默、灵活、立新、不拘一格，同样毫不悭吝地给了醒狮。儿时看“大头佛”，歪头扑扇、心无旁骛；少狮出洞惺忪，倚着日头打哈欠，如蓬头稚子；雄狮上山，见青

▼
2024 年 2 月，顺德杏坛镇古村迎春游龙活动

三圣狮

佛山是醒狮的发源地之一，素有“南狮发源于佛山，强于（张槎）莲塘”的美誉。三圣狮是以三国时期刘备、关羽、张飞的人物故事为题材，糅合粤剧艺术中的戏剧脸谱、舞台功架以及南派武术而演绎的传统狮艺。

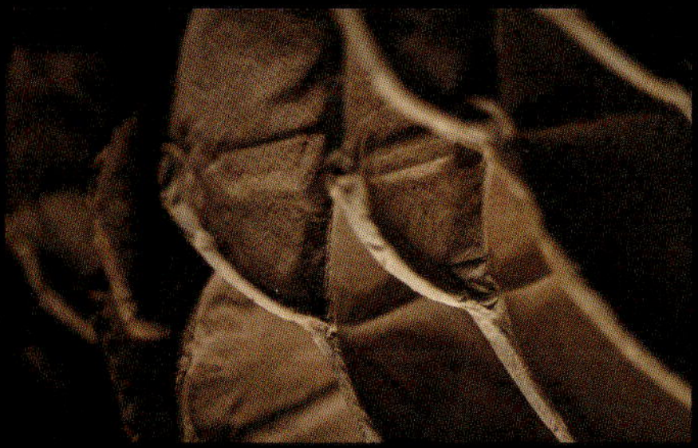

狮头扎作用料：

狮头扎作的基本材料包括竹篾、纸、纱、绸、油彩等。其中扎狮胚讲究用广宁的竹子，狮头方能轻盈、灵活，舞动自如。

关公狮

关公狮为红脸，丹凤眼，额头有如意纹与三条额纹，口唇平，胡须白，脑后有金钱两枚，寓意智勇双全。

刘备狮

刘备狮为白脸、黄脸或粉红脸，白须，彩色虎斑纹狮被，脑后有金钱三枚，代表智、仁、勇。

张飞狮

张飞狮为黑白面、黑眉、黑短须，口有獠牙两枚，寓意勇猛刚毅。

大头佛

“大头佛”表演起源于佛山，由广东狮王冯更长创作于清末民初，原以其引导狮子起舞，做出幽默动作，增添欣赏乐趣。传统的大头佛表演有四个套路，分别为起居、锄耕、拜四门、瑞佛采灵芝。

（猎物）、疑青、探青、戏青，一头大物，却如刘姥姥入大观园，乡下人上省城；偶尔，还会喝点小酒，面若桃花，坐在梅花桩上，晃动一只后腿。

舞龙狮的礼仪却是恭谨端庄的。起龙狮、会龙狮、收龙狮，礼仪贯穿始末，敬天地、敬人神、敬万物苍生。讲究礼义仁智信，都是敬畏和尊重，这是古老的“意”。

四

佛山人多喜事，春节、婚庆、小儿百日、新屋入伙、店铺开张、考试如愿……喜事要热闹，热闹就是兴旺，有生气，就要整出声响动静、五彩缤纷来。传说西汉时候，平定“诸吕之乱”后，恰逢正月十五，大喜之下，汉文帝宣告天下太平，张灯结彩，舞龙十里。舞龙的青年，额头扎头巾，腰间扎彩带，腾、闪、翻、跳。天作幕布，一条夜光龙翻浪、戏水、翻身、盘柱和摆尾，噼啪火焰破开夜空，驱散阴霾，光如白昼，有希望，有慰藉，有大欢喜，正合人们心意。

舞狮游走白日，恰到好处，能平地腾跃，能上三层高楼，能入天井、灶间。天井供奉的是“天官赐福”，灶头有“定福灶君”，门口有“土地神”，举头三尺的“神明”，狮子一一拜过，人们

2022 年 8 月，顺德杏坛古祠舞龙

1979 年春节期间，禅城永安路上的狮子采青表演

2018 年，南海乐安江氏宗祠前新春醒狮采青表演

方才觉得踏实。

狮子在人群中起舞，俯首躬身，人们摸头、摸耳、摸尾巴，讨个吉利。舞狮人起舞前，拍拍狮头，跟狮子说说话。说什么话呢？我很好奇。舞狮人说，就是喊狮子和他一起好好耍，狮子是人们的玩伴。

狮子在春节喊了远方的人归家，春节是大喜的节日，被喊归家的人，是要去看看舞狮的，没有舞狮，就少了年味。舞狮也好看，在人群集结的目光中，腾跃在天空，有人说是雕塑、画画，我觉得是大笔书写，篆书古朴、隶书雅致、行书流畅、草书狂放，都是力量和美。

这样看来，佛山人的喜事，是龙事、狮事。

阔别乡村数十年，我在城市看过一场春节舞狮，醒狮起舞在高楼林立和车水马龙之间，听得一声鼓，行色匆匆的人们忽而驻足，茫然四顾后，如潮水一样八方聚拢，面带微笑，仰头望去同一个地方，终于“哇”的一声，是真欢喜，当中有异乡人，也有本地人。在佛山人血脉里的舞狮文化，不知道让异乡人还有没有作客之感，而对本地人来说，可能是记忆，但过去、现在和未来，鼓声起处是家乡，都是最平凡不过的日常了。

日常是什么？是一衣一钵，是相依为命、生老病死。

一位舞狮人告诉我，老旧的狮头、狮被，会被视为家中老人而下葬的，一时愣住，原来，狮子还被视作亲人，有来处，亦有归途。

五

见过一位扎狮头的老人，坚持手工制作，扎、朴、写、装，一千八百多道的工序，手指多少次抚摸过竹篾和彩布，连同狮身的图案和符号，那是一辈子只做一件事，只是他老了。在老去之前，想有一个人，和他一样，与狮头们朝夕相处。

国家级非遗保护项目广东醒狮省级传承人在扎作狮头

佛山狮鼓

醒狮的大鼓以牛皮制成，中空木桶形，声音洪亮，此类鼓很早就被用于军事。击鼓的技法、姿态、节奏变化花样繁多，打法有“三星”“五星”和“七星”之分，“五星”鼓又称梅花鼓，另有“混合鼓”的打法，鼓法根据需要而有所变化，颇为讲究。

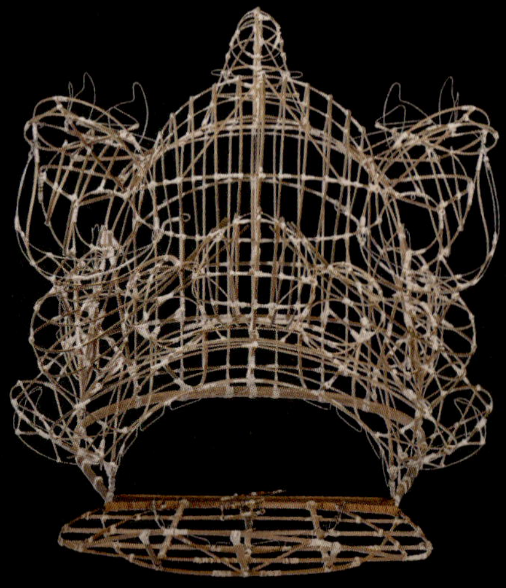

扎

竹笏为骨，扎口干个。扎狮胚（筋）首先定好中心，两腮与口鼻耳对称，两边距离均匀。扎作结构突出狮头形象特点：后枕企、额高且窄、眉精、眼大明亮、口阔带笑、背宽、杏鼻、面颔饱满、明牙震利、双腮突出。

扑

纱纸扑制，三紧三实。扑纸操作，上浆要匀，手轻，浆不稀不稠，适可为宜。纸张要平整，接纸口要紧贴，不打皱褶，使狮头表面平滑、光亮。特级狮还要起富线（打绸带），线条流畅圆滑匀称，不起波节。

彩扎（佛山狮头）

佛山狮头兴起于清乾隆年间，至今有200多年历史。据民国《佛山忠义乡志》载："（佛山）狮头行制品精良，省垣及外洋均来定购。"狮头主要分为文狮、武狮和少狮三大类，又以狮头脸谱造型和色彩特点，分为刘、关、张狮和彩狮两大品种。

写

写色绘面，皆具匠心。狮头图案以唐草纹样为基调。色彩以美红、美黄、美绿等原色为主，配以黑色（乌烟）作调和，色点与图案纹样动静相衬，静中有动。写色后，再抹以光油，使整个狮头表面光亮透明。

装

装配五官，崭露头角。用兔毛、马尾鬃毛、五彩绒球、金属明镜、金胶皮等原料，分别在狮额、眉、眼、鼻、口、腮、耳、角、背、下颌等主要部位进行艺术装饰，使狮头威武生动，活灵活现。

神農堂

972 年春节，波士顿唐人街传统舞狮表演

岁月不饶人，舞狮人也老了，六斤的狮头，十二斤的狮头，扎稳马步，不让它倒下，举着，像举着一个天地、一个信仰，老了，就要年轻人接住。年轻人接住了。南海有狮队两千，顺德伦教三洲龙狮团、三水“侠家拳”武术龙狮团、高明“圣和联”龙狮团……女孩从前是不得入祠堂舞狮的，现在也可舞狮了，穿裙子，束长发，性格鲜明，别具风情。

在朝阳下见过一对爷孙，一老一少，一招一式的教和学，背后江河长流，孩子稚气的呼号，响彻在城市一角。

佛山大地江河纵横，从明代起，人们便沿江而下，赴南洋闯荡谋生。一叶帆影，江心月白，回望故土，常诉诸一把泥土、一句方言、一道家常菜，每逢佳节，必定会敲锣打鼓，舞起龙狮。

“有华人之处，必有醒狮”，醒狮的精神，是中国人内心最深处的光芒，久久生辉，永不消散。

CULTURE OF DRAGON AND LION DANCE 龙狮

波橋

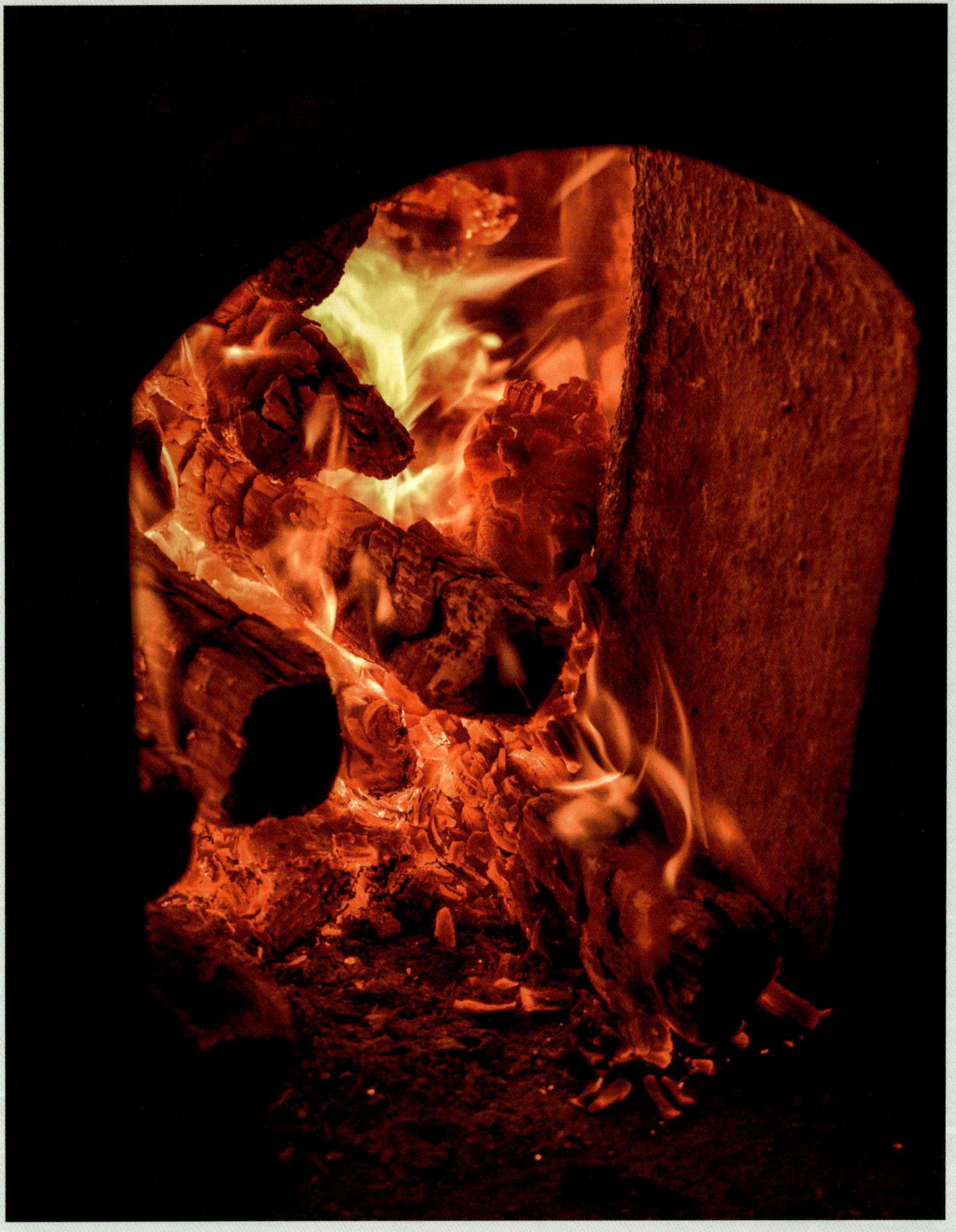

CERAMIC
CULTURE

陶艺 · 窑火（南风古灶）

陶艺

十传十美——佛山十大传统文化风华录

CERAMIC CULTURE

石湾该是美陶湾

盛慧
一级作家
佛山市文艺评论家协会主席
佛山市作家协会副主席
佛山市艺术创作院副院长

南海之石湾善陶，凡广州陶器皆出石湾。

——清·屈大均《广东新语》

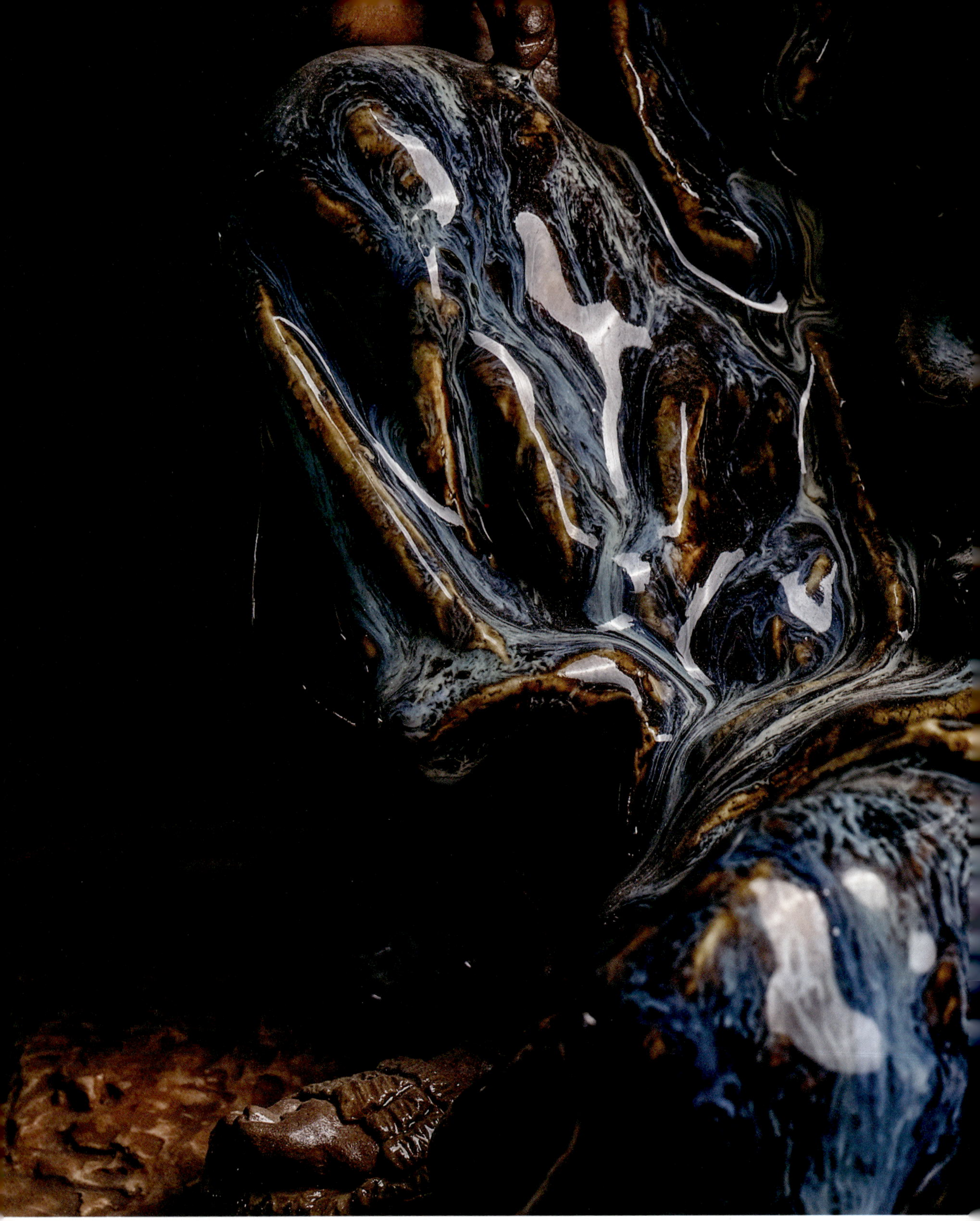

石湾的艺术陶釉自明以来，向以仿宋代钧窑釉为主，釉质以浓厚而披挂力强者为贵，釉色以红钧、蓝钧等窑变釉为贵，世称“广钧”。宋钧窑变釉一次上釉，石湾窑仿钧窑变釉是先施一层护胎釉填充坯胎上的气孔，再施釉，且色彩较宋钧釉色更加丰富。

佛山东平河畔，有一古镇，名曰石湾，因烧制陶品而闻名于世，有“石湾瓦，甲天下”之美誉。

石湾因水而兴，因陶而荣，其制陶史可追溯至新石器时代晚期，清代则是全盛时期。清初碑载：“南海石湾一隅，前际大江，后枕岗埠，无沃土可耕，无货物贸易，居民以陶为业，聚族皆然。陶成则运于四方，易粟以糊其口。”

朴拙的陶器赋予这座南方小镇不同寻常的气质与诗意：清晨时分，天色未明，乡民们在陶器的敲击声中醒来，清脆如钟，不绝如缕。大街小巷处处都是挥汗如雨的劳作身影，寮场内，拉坯台咿咿呀呀作响，空气中弥漫着泥土的清香。东平河上，波光粼粼，商船如织，隔岸传来阵阵劈柴声，交织着歌声，高亢清亮。而当夜幕低垂，灯火璀璨，日夜不息的窑火，将天空映成玫瑰色，窑外火星四溅，宛如火树银花。

日复一日，年复一年，时间像流水一样在这个充满烟火气的小镇缓缓淌过，从古老龙窑里吐露出来的一件件精美陶器，像石湾的美丽女儿漂洋过海，远嫁他乡。

河宕贝丘遗址出土的印纹陶片

遗址位于佛山石湾河宕村，为新石器时代晚期贝丘遗址，距今约5000年，面积约1万平方米。出土陶器有釜、罐、壶、豆、盘、盂、纺轮等。纹样以几何印纹、云雷纹、“S”形纹、凸点或凸格纹为主。

唐代酱黄釉高身陶坛

1963年石湾大雾岗出土

20 世纪 60 年代，石湾陶瓷产品在东平河畔装船出口

从 1817 年英国商船戴安娜号出土的石湾窑茶煲、陶盘等陶器

一

随便走进一户佛山人家，总会在案头或花架上，惊喜地发现几件精美绝伦的陶瓷摆件，这些栩栩如生的摆件，本地人称之为“石湾公仔”。

石湾公仔是泥、釉、火交融的艺术结晶，作为一种从民间生长出来的艺术品，它带着天然的草根性，遵循着民间的审美趣味，有着顽强的生命力。

每一件石湾公仔，都是一首泥土的赞美诗。造物主似乎对石湾人格外恩赐，石湾东、南、北三面及西面东平河的对岸，过去有大大小小数十个低矮的山冈，山冈下蕴藏有大量的陶泥，这些陶泥含

（1）

（2）

（3）

（4）

（5）

石湾陶主要陶土

（1）白泥

白泥为二次黏土，也称次生黏土或沉积黏土，是岩石经风化后，被流水不断冲刷淘汰，迁移到盆地或湖沼水流缓慢的地方沉积下来而形成的黏土层。

（2）乌泥

石湾称黑泥，含铝量高达 25% —35%，旧时多开采于石湾本地，后多来自番禺、新会、中山、斗门等地。

（3）石湾岗砂

学名为陶砂，产于石湾大雾岗、狮岗、赤朱岗等地，是石湾特有制陶原料，也是石湾陶器的主要“骨架”材料之一，质地较纯，容易开采、加工、运输。

（4）高温砂

高温砂是一种特殊的熔融矿物质，具有较高的化学稳定性和机械强度，能够承受高温、高压和酸碱等恶劣环境，广泛应用于钢铁、冶金、陶瓷、玻璃、电子、化工等领域。

（5）瓦粉

瓦粉又称为熟料，是用废陶瓷或耐火砖经粉碎加工成的制陶原料。因其本身经过烧制，收缩率小，可降低泥料的可塑性，减少收缩，防止变形。

铁量和含铝量极高，大多呈赤红色。另外，石湾附近的农田下过去也蕴藏有很多白色的黏土和黑土。石湾镇周边的大帽岗、小帽岗、显庙岗、千秋岗等山冈上有大量的细岗砂，其色金黄，烧制后会变成白色。石湾的先民们“化腐朽为神奇”，让这些泥土拥有了“生命”，连大画家徐悲鸿都忍不住赞叹：“北方的瓷器白白的、细细的、嫩嫩的，像女人阴柔的美；而石湾陶器雄浑粗犷，有男子汉阳刚之美。”

传神是石湾公仔最大的特色。在石湾，至今仍流传着一段奇事。一天，有位陶塑艺人喝完早茶回家，路上碰到两个人抬着一只大箱子，气喘吁吁，大汗淋漓。陶塑艺人觉得他们的神态很有特点，便拿出随身携带的陶泥，做了一件速塑作品。他走过一个街口，看到了两个行色匆匆的衙差，这才知道，有人偷了陶师庙的古铜鼎，他们正四处捉拿。陶塑艺人说，刚才看到两个外地人，抬了一只大箱子，会不会就是作案者？衙差一听，忙问这两人的相貌特点，陶塑艺人便把刚才做的速塑作品交给他们，衙差来到东平河边，看到许多人正在等着过渡，他们很快通过速塑作品辨认出两个毛贼，并将他们捉拿归案。一时间，速塑作品破案的故事，成为一段佳话，而这位陶塑艺人，就是潘玉书大师。

一法藏万法，万法藏于一法。为了让作品更加传神，陶艺大师们时刻都在观察生活。刘传大师经常蹲在梁园门口观察来往的行人，有人误以为他是看手相的。区乾大师为了创作知时鸟，带着徒弟，专程到广州，跑遍各个公园。天刚亮，就在公园蹲着，观察知时鸟一天的生活，还与养鸟人聊天，了解鸟的习性，最终创造出一件艺术杰作。庄稼大师去新华书店买书，出来看到一老

陶艺家在进行陶艺作品创作

陶艺家在进行陶艺作品创作

妇极像刘传《弃官寻母》中的母亲，便紧紧尾追观察，跟了一路。

“百物百形、千人千面”是石湾公仔重要的美学特质。以人物形象刻画为例，既有国画写意人物的夸张手法，重神似而轻形似，线条简练含蓄，恰到好处，亦不乏国画工笔人物的精雕细刻和细腻轻柔；此外还注意通过调动人物的神情、动态、服饰等细节，通过多种手段强化人物的性格特征与思想感情。特别是衣纹的处理简练概括，俨然国画人物的三维表现形式。为了达到最佳的艺术效果，除使用通常的雕、琢、刻、划的处理方法外，还用捏、粘、贴、捺等手法以加强局部的表现和装饰。在一件陶塑作品中，往往是各种手法交会运用，它们像交响乐一样演奏着美的历程。

“庚午年”款人物花鸟瓦脊

石湾窑最大宗的陶瓷产品为满足生活需求的日用陶瓷。它为市场需要而生产，为外销需要走向全世界，遍及人们日用的各个领域，如日用的缸、瓦、花盆、石湾公仔、陶塑瓦脊、锦砖釉砖等。丰富的产品种类，是石湾窑与全国其他窑口的重要区别。

石湾蓝钧釉

石湾仿钧釉中的一种，呈色原理是两次施釉，即在生坯或素烧的器物上，先施以含铁量较高的铁釉，然后再施半透明而接近乳浊状的白釉。在煅烧过程中底面釉的互相渗透，熔融流动而产生斑驳陆离的变化。

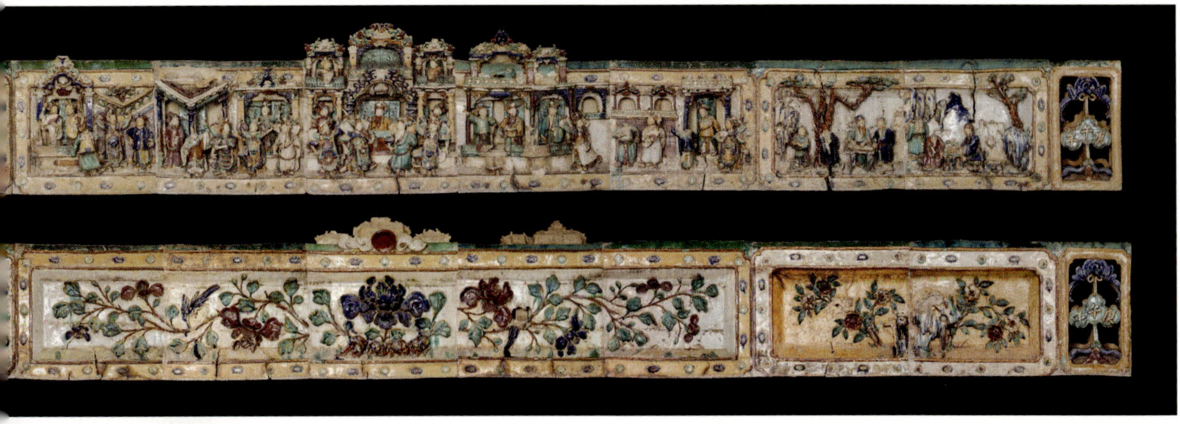

明石湾窑天蓝釉莲瓣式瓶
故宫博物院藏

明石湾窑绿釉双环耳瓶
故宫博物院藏

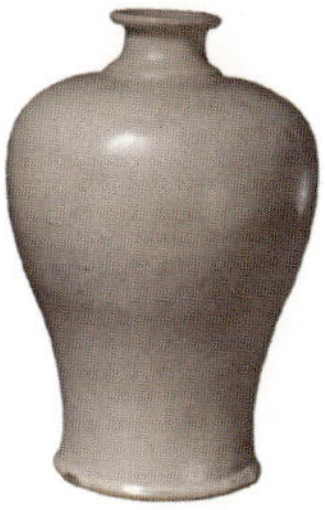

明石湾窑仿哥釉梅瓶
故宫博物院藏

二

雕刻完成的泥坯在幽暗的光线中慢慢控干，像待嫁新娘一般娇羞、安静，等待披上华衣。这袭神秘、至美的华衣，就是釉彩。作为一个地处南国的民窑，与北方那些地位显赫的官窑相比，石湾窑可谓“出身贫寒”，但石湾人善于学习，不拘一格，终因空灵、梦幻的釉彩而声名远扬。这绝不是一个偶然事件，而是一次文化的交融。古老陶文化的积淀、海洋文化的开放与包容、商业文化的精明与灵活，与广府文化的务实共同发挥着作用，石湾博采众长，不断丰富，不断提升，对外来技艺进行本土化改造，最终形成了自己独有的艺术风格。

入窑一色，出窑万彩。清末陈浏在其《陶雅》中这样盛赞石湾窑变釉色：“广窑谓之泥均，其蓝色甚似灰色……于灰釉中旋涡周遭，故露异彩，较之雨过天晴尤极浓艳，目为云斑霞片不足以方厥体态。……又有时于灰釉中露出深蓝色之星点，亦足玩也。”

釉彩的配制，是一项漫长而神秘的工作，也是一项富有创造性的工作。民窑的身份，让偏居一隅的石湾窑获得了一种难得的自由。一代又一代的老艺人像炼金术者一样，孜孜不倦地研究着釉彩的奇美幻变，用毕生的经历，创造出惊艳的釉彩。

在历史的长河中，石湾艺人对五大名窑不断仿制，尤以仿钧而出名，被人称为“广钧”，由于这种仿钧器的胎土仍属陶土，

因此又被称为“泥钧”。石湾的艺人并没有简单地照搬，而是仿中有变，仿中有创，早期仿钧，釉色甚多，有翠毛、月白、钧蓝、钧红、玫瑰紫、石榴红等。陈浏在《陶雅》中甚至写道，当时日本人喜欢广钧，购买的价格竟然比宋钧还高。

从单色釉到复式釉，是一次了不起的飞跃，它类似于音乐中的和弦，神秘莫测，韵味无穷。石湾的艺人们根据陶土的特性，对泥坯进行双层的施釉，这样的手法，类似于山水画中的积墨手法，

世纪通草水彩园景仕女图（百花亭）

石湾花盆是当时广州富户家庭日用必需品。

19世纪60年代广州官员的家庭照

清代是花盆大量使用的时代，盆栽也是士人燕居生活的一部分。石湾窑花盆是常见的家庭摆件。图中左右两侧摆放了两只觚形陶墩，上面各放着一件栽种兰花的束腰六角盆。其后又有两件广口折沿的大圆盆，被称为“大口唇”，盆中种着盛放的菊花。

里面的一层釉称为底釉，外面一层称为面釉，底釉一般为铁锈色釉，其作用是填充坯胎表面的小气孔，减少面釉的吸釉率，煅烧时底釉和面釉发生互相渗透，釉质莹润，柔和细腻，充盈沉静，如美人倩笑，满目含情，娇艳欲滴。其中，最负盛名的釉彩有斑驳淋漓的“雨淋墙”（或称“雨洒蓝”）、热烈庄重的“石榴红”、高贵优雅的“玫瑰紫”、青蓝中带芝麻点的“三稔花”、如翠鸟羽毛般艳丽的“翠毛釉”。此外，仿哥窑的“百级碎”、仿龙泉的“梅子青”、仿建窑的“鹧鸪斑”，也成为石湾窑釉色的重要组成部分。

“坤红”也是石湾窑的上品。在石湾的制陶史上，有一位配釉大师叫吴灶生，他以擅制坤红而出名。他的家族曾是石湾最大的花脊行世家，他从小就对釉彩充满了浓厚的兴趣，一心想研制出举世无双的红釉。当时，配釉是一项秘密的工作，配釉的师傅不肯外传，他磨破了嘴皮都未如愿。为了得到坤红的配方，他特意请师傅来作

（1）

（2）

（3）

（4）

（5）

（6）

（7）

（8）

明清部分石湾窑制陶店号、工匠、名家铭文印鉴

（1）明末，店号：粤彩正记，工匠：陈粤彩，粤彩正记楷书阳文方章。
（2）明末，工匠：苏可松，“甲子乙亥甲子乙亥可松制”楷书款。
（3）清中后期，店号：吴宝玉、宝玉荣记，“石湾宝玉荣造”款。
（4）清道光年间，工匠：冯秩来，“秩来巧造”阳文方章。
（5）明清时期，店号：南石堂（吴南石堂），“吴南石堂”楷书阳文方印。
（6）清末，店号：美玉（美玉成、梁美玉），“美玉造”款。
（7）清末，店号：黎献记，“石湾黎献记造”阳文楷书印。
（8）清康熙至近代，店号：文如璧（民国初年又分为如璧全记和如璧生记），“文如璧店造”“石湾大桥头”款。

坊制作。制作前，先悄悄将原料一一称过，等师傅配完釉之后，立刻又称了一遍，从而推算出原料的配方。得到配方之后，他举一反三，又不断改良，使昔日仅为“一灶一宝”的石湾传统颜色釉，发展成今天的“满窑红”。

三

陶乃火中之花。陶能否成器，火是关键的因素。对于泥坯来说，火是一种洗礼，也是一种涅槃，只有与火共舞，泥土才能升华，才能获得生命，绽放出炫目的光彩。

古老的龙窑，是火温暖的家，也是陶器的生命之门。在石湾，最负盛名的龙窑是南风古灶。南风古灶，名字富有诗意，它因灶口朝南而得名，事实上，石湾所有的龙窑的灶口都是朝南的，一方面，石湾吹南风，可以为灶内提供源源不断的自然风，形成天然的烟囱；另一方面，灶边温度高，这些习习的南风，也能给烧窑工带来些许的凉意。

南风古灶位于石湾高庙路 6 号，建于明正德年间。古时建窑习俗，凡新窑启用，需择吉日良时。传说该灶首窑点火之日，正是明正德年间澜石黎涌状元伦文叙宗祠落成“入伙”之时。它几经修葺，现长 34.4 米，宽 1.54 米—2.42 米，高 0.8 米—1.94

南风古灶外景

南风古灶是建于明正德年间的一座龙窑，全国重点文物保护单位，世界上唯一五百年薪火不断的龙窑。

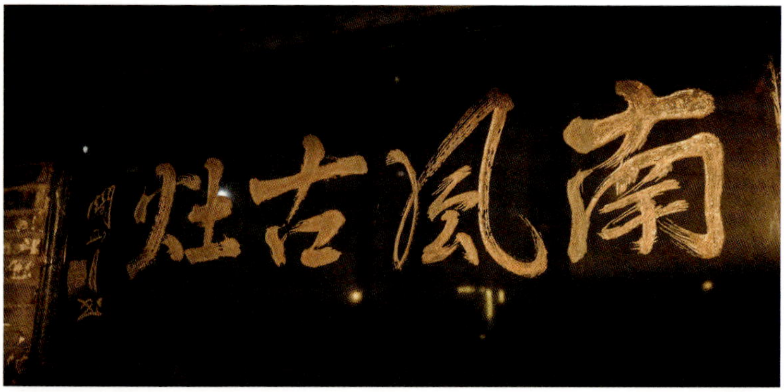

南风古灶牌匾

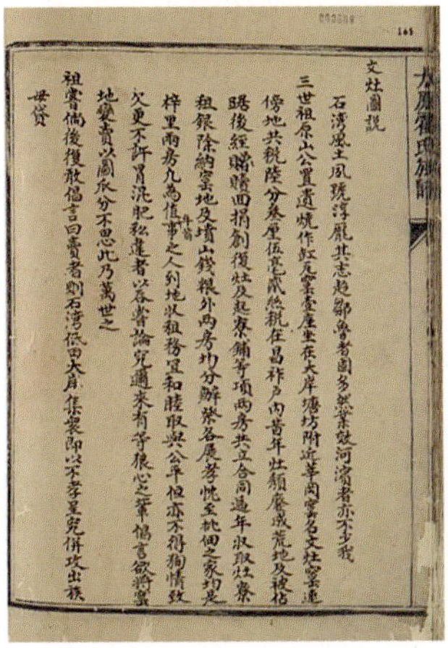
太原霍氏族譜

文灶圖說

石灣風土夙號淳龎其志趨鄒魯者固多然業效河濱者亦不少我
三世祖原山公置遺燒作缸元窰壹座坐在大岸塘坊附近莘岡窰名文灶窰連
傍地共稅陸分叁厘伍毫貳絲稅在昌祚戶內昔年灶額廢成荒地及被佔
踞後經贖回捐創復灶及起寮舖等項兩房共立合同遞年收取灶寮
租銀除納窰地及墳山錢糧外兩房均分辦祭各展孝忱至批佃之家均是
梓里兩房凡為值事之人到地收租務宜和睦取與公平但亦不得徇情致
欠更不許冒混肥私違者以吞嘗論究邇來有等狼心之輩倡言欲將嘗
地變賣以圖瓜分不思此乃萬世之
祖嘗倘後復敢倡言曰賣者則石灣低田大岸集衆即以不孝呈究併攻出族
毋貸

文灶图说释文

石湾风土夙号淳庬，其志趋邹鲁者固多，然业效河滨者亦不少。我三世祖原山公，置遗烧作缸元窑壹座，坐在大岸塘坊附近莘冈，窑名文灶窑。连傍地共税陆分叁厘伍毫贰丝税，在昌祚户内，昔年灶额废成荒地，及被占据后，经赠赎回，捐创复灶及起寮铺等项，两房共立合同，递年收取灶寮租银。除纳窑地及坟山钱粮外，两房均分办。祭各展孝忱。至批佃之家均是梓里，两房凡为值事之人，到地收租，务宜和睦，取与公平，但亦不得徇情致欠，更不许冒混肥私，违者以吞尝论究。迩来有等狼心之辈，倡言欲将富地变卖，以图瓜分，不思此乃万世之祖尝，倘后复敢倡言曰卖者，则石湾低田大岸集众即以不孝呈究，并攻出族。毋贷。

清康熙石湾《太原霍氏族谱》记载，石湾的龙窑基本通过宗族来经营

龙窑烧制陶瓷

龙窑烧制分装窑、挤火、上火、出窑四个步骤，其中“上火”最为关键。因龙窑窑背每隔一段就有一排火眼，装窑时火眼下预留一定的空间，形成燃烧竖井。木柴短时间内大量投入燃烧竖井，使窑内局部升温，达到该部位产品所需的温度，将产品烧熟。

米，窑背上有火眼29排，倾斜度为12度，民国时加建了烟囱，佛山解放后加建瓦棚。它像一个身披灰蓝色罩衫的长者，带着一种肃穆的庄重感，时光在它身上留下了太多的划痕。“古窑吐艳”，是它最好的精神写照。

数百年来，石湾人早已掌握了火的习性，在他们那里，天性不羁的熊熊烈火变得乖巧而温顺。看火的师傅会根据陶瓷品的大小、厚度和内质，判断其是否可以受高温。例如上了红釉的陶瓷需要达到1300多摄氏度才能够展现它独特的亮光，如不够火候，

国家级非遗项目石湾陶塑技艺代表性传承人、中国工艺美术大师

《释迦牟尼》

廖洪标作品 1990 年

《诗圣杜甫》
庄稼作品 1999 年

《大行》
曾力作品 2023 年

《卧虎》
曾鹏作品 2020 年

《大富大贵》
潘汾淋作品 2012 年

《回娘家》
潘柏林作品 1990 年

《戏狮罗汉》
潘超安作品 2006 年

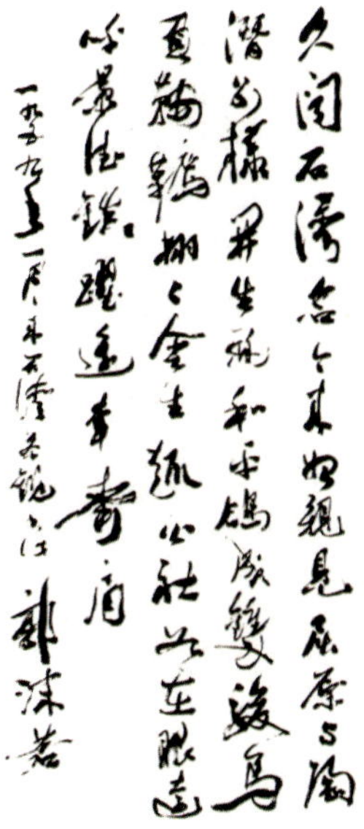

郭沫若题诗

久闻石湾名，今来始亲见。
屈原与陶潜，别样开生面。
和平鸽成双，骏马负鞍鞯。
栩栩含生趣，公社如在眼。
远呼景德镇，跃进幸齐肩。

1959 年 1 月来石湾参观后书，郭沫若

就会呈现出暗沉的黑色块。从某种意义上说，烧窑工如同一个指挥家，掌握着火焰的节奏，那些热烈奔放的火焰如同热烈的音乐，在它的伴奏下，釉彩翩翩起舞，并最终定格成美丽的肌理。在煅烧过程中，有一些区域会烧出窑变釉，因艺术品质超乎想象，可遇不可求，故被称为“窑宝”。

时至今日，穿越时间的火焰仍然在燃烧，仍然源源吐露着精美的花朵。这座历史遗迹，既是全国重点文物保护单位，又是世界上年代最久远、延续使用时间最长的柴烧龙窑，被载入“吉尼斯世界纪录大全”。“巧夺天工凭妙手，石湾该是美陶湾。”如今，佛山正在打造美陶湾文化创意产业聚集区，石湾这座“千年陶都”将会以更美的姿态展现在世人面前。

20201242
20201243
无光白
20201244
20201245
20201246
黄土地
20201247
20201272
20201274
20201275
20201276
20201277
20201278
2021222
2021224
2021225
2021691
2021693
2021694
2021695
2021696
2021697
2021698
2021699
20216910
20216151
20216152
20210075

釉板

传统石湾釉基本以红、黄、蓝、绿为主，在这些釉色的基础上，广东省美术家协会会员、广州美术学院客座教授曾力、曾鹏研发了上百种颜色的釉。

CRAFTSMAN
CULTURE

工匠 · 清代“风调雨顺”大铁鼎(局部)

工匠

十传十美——佛山十大传统文化风华录

CRAFTSMAN
CULTURE

良工巧妙称绝群

龙建刚
资深媒体人
知名时事评论员

佛山多冶业，冶者必候其工而求之，极其尊奉，有弗得则不敢自专，专亦弗当，故佛山之冶遍天下。石湾多陶业，陶者亦必候其工而求之，其尊奉之一如冶，故石湾之陶遍二广，旁及海外之国。谚曰：『石湾缸瓦，胜于天下。』

——清·屈大均《广东新语》

铜凿剪纸的珠刀与铜箔

铜凿剪纸，以（铜）箔代纸，以凿代刻，以点成线、以线成面，是佛山剪纸中最具特色的品种。

毛坯

石铲

石锛

1960 年，中国考古学家贾兰坡等在西樵山上发现以细石器和双肩石器为特征的史前人类活动遗址，指出西樵山是中国已知最大的石器制造场之一，形成独特灿烂的“双肩石器”文明，被誉为“珠江文明的灯塔”。

一

佛山是一座有功夫的城市，不仅能打，而且能做。古往今来，佛山孕育了众多功夫盖世的武林高手，也涌现出无数身怀绝技的能工巧匠，共同缔造了南粤名城的威名和传奇。

有家就有佛山造——这是佛山的骄傲。当今中国，有这种自信的地方不多。从明清时期的“四大名镇”，到当今世界的“制造业重镇”，佛山所扮演的角色不断变化，但本色和血脉从未改变。

术到极致，几近于道。浓厚的工匠文化底蕴不仅塑造了佛山的历史，也影响着佛山的未来。源远流长、博大精深的工匠文化既是佛山制造的支撑，也是佛山制造长盛不衰、高歌猛进的底层逻辑。

二

水有源，树有根。佛山工匠文化的源头在哪？

历史学家说：未有珠三角，先有西樵山。文化学者说：西樵山是珠江文明的灯塔。走进全国最大的工匠精神展示馆——珠三角工匠精神展示馆，我发现，故事是从西樵山双肩石器开始讲述的。

所谓双肩石器，是一种在西樵山出土的新石器时代的石制工具，最典型的代表就是石斧、石锛、石铲等。这是珠江流域在新石器时代最富有特色的文化遗物之一。近一个世纪以来，西樵山先后发现了二三十个石器制造遗址，足够容纳上千人同时劳作。20世纪60年代，我国著名考古学家贾兰坡来到西樵山考察，确认西樵山是新石器时代我国南方最大规模的采石场和新石器制造

◀

清代佛山八景之一——孤村铸炼（选自道光《佛山忠义乡志》）

清代佛山铸造业发达，时人有诗赞：“大造为炉妙莫论，良工铸炼在孤村。宝光万丈相摩荡，紫气千重互吐吞。”

木版年画

佛山木版年画，是岭南地区著名的民间年画，因在广东佛山生产而得名。它源于宋元，兴于明，盛于清至民国早期。清代，曾与潍坊杨家埠年画、天津杨柳青年画、苏州桃花坞年画并称“中国四大木版年画”。

雕版

分别雕刻出线版和色版，一般以黑、红、黄、绿四色为一套。

木版年画《持刀将军》小门神
清版新印

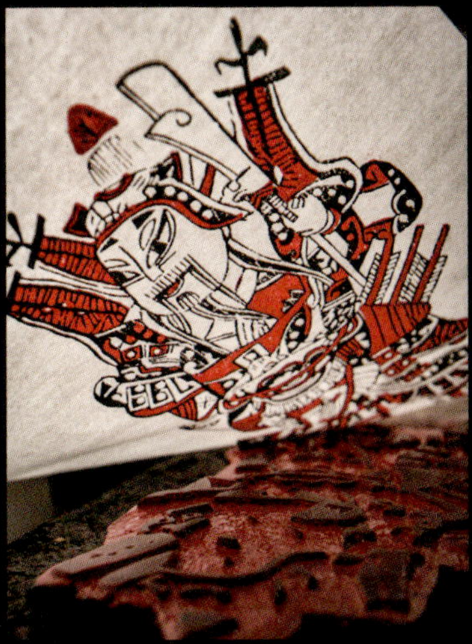

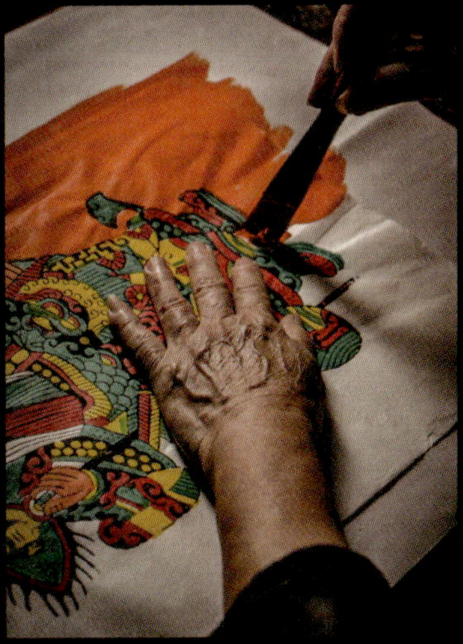

用色

统佛山木版年画使用天然植物和物颜料，以装饰性强的原色和饱色为主。

套印

以墨线版为套印的开始，分别将红、黄、绿等需要的色版各印一次。

填丹

主要针对门神画、门画和神像画，是木版年画制作流程中的一个独立行业，配合年画套印。

基地，北方只有山西鹅毛口能与之比肩。贾兰坡把它们并列为中国新石器时代南北两大石器制造场，并率先提出了考古学意义上的“西樵山文化”一词。

双肩石器是远古工匠的杰作，是西樵山文化的精髓。这些凝聚着人类早期智慧的工具，标志着岭南农业文明时代的到来。可以相信：佛山的工匠文化也是从西樵山发源的。

铭文：
炮重二千斤
钦命靖逆将军奕，参
大臣齐，太子少保、
总督部堂祁，兵部侍
广东巡抚部院梁，代
佛山同知、广州城守
营、佛山都司韩监造
道光二十一年十一月
日
炮匠：李、陈、霍 铸

▶

三

万涓成水，汇流成河。源远流长的佛山工匠文化在明清时期全面迸发，熠熠生辉，光芒万丈。佛山制造蜚声天下的品质是从南风古灶的熊熊火光中启程的。

“石湾瓦，甲天下”，陶瓷是佛山制造品质被认可和接纳的第一个标志；“南国陶都”是佛山获得的第一个全国性城市荣誉。历史有窑冶一体之说，大凡窑火旺盛的地方，铸造业也会发达，誉满天下的佛山铁锅就是佛山工匠贡献出来的一个世界级品牌。

铭文：
新式加料 炮重一千斤
佛山都司韩
佛山同知苏 监造
道光二十二年□月□
大炉铁炮：霍观升、
辉秀、梁荣昌、冼东

▶

明代佛山工匠创造了独特的“红模铸造法”，所铸铁锅薄而轻、上热快、不吸油、不粘锅，色泽光亮、不易生锈。高品质的佛山铁锅让全国各地客商接踵而至，也让众多海外客商纷至沓来。郑和下西洋把佛山铁锅带到了东南亚，出国谋生的华侨把广锅带到了欧美国家。那时的日本人对佛山铁锅的追捧，超过今天中国人

▼红模铸造部分工艺

筛泥

拌泥

刮泥模

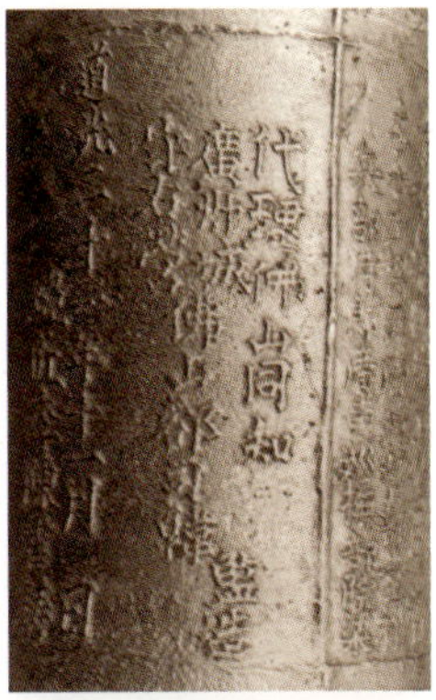

清道光年间佛山铸造的铁炮

对日本马桶的迷信。佛山铁锅供不应求，雍正九年（1731），朝廷颁布“限购令”——佛山铁锅禁止出洋。

《西游记》里有一个精彩的细节，孙悟空钻进魔王的肚子里说：“老孙保唐僧取经，从广里过，带了个折叠锅儿，进来煮杂碎吃。”有学者认为，“广里”指的就是广州，而这个能把妖怪煮成杂碎的“锅”就是地地道道的佛山制造的“广锅”。

知道“广锅”厉害的不是孙大圣，而是吴承恩。这位明代作家是江苏淮安人，能把“广锅”写进小说，那是因为生活在京杭大运河边上的吴承恩，无数次看到满载广锅的货船源源北上的盛况，那时的佛山铁锅是品质最高的“中国制造”之一。

清代牛锅

大英博物馆收藏有一册清代佛山铸造铁锅的组画，分别以十

落铁水

红模铸造法

明清时期，佛山本地主要使用泥范开展铸造，区别于其他地方，红模铸造是以红泥为原材料，加了谷糠后制成特殊泥模，烧模过程中谷糠会炭化，泥模经过烘炉加热后，会通体发出红光，故名红模铸造法。

1. 收购、敲碎铁旧料

2. 舂泥、筛泥

3. 造模坯、车上模

4. 上色、车下模

5. 合模、探模

6. 落模、烧模

7. 模红、出模

8. 落铁水

9. 去模拣锅

10. 修补下货

大英图书馆特藏中国清代外销书精华

外销画中的铁锅铸造

诸炉之铁冶既成，皆输佛山之埠。佛山俗善鼓铸。其为镬，大者曰糖围、深七、深六、牛一、牛二；小者曰牛三、牛四、牛五。以五为一连，曰五口，三为一连，曰三口。无耳者曰牛，魁曰清。古时凡铸有耳者不得铸无耳者，铸无耳者不得铸有耳者，兼铸之必讼。铸成时，以黄泥豕油涂之。以轻杖敲之如木者良，以质坚，故其声如木也。故凡佛山之镬贵，坚也。

——清·屈大均《广东新语·货语·铁》

个场景呈现出佛山铁锅的制作工序。英国人把这组画珍藏在大英博物馆里，不是出于作品的艺术性，而是因为那时的佛山铁锅是一个世界性品牌。这组画，是对佛山工匠文化的礼赞和铭记。

到了清代，佛山成为中国南方最大的军火铸造基地，佛山铸造的“广炮”是当时清军的主力炮群。史书记载：清道光二十一年至二十四年（1841—1844），佛山总共铸造了2400门铁炮。今天的虎门炮台、广州城防以及新会崖门炮台遗址上，依然摆放着佛山大炮。引人瞩目的是：这些铁炮炮身都刻有“炮匠李陈霍造”的铭文，“李陈霍”不是一个人的名字，而是一个集体品牌，是佛山工匠的集体担当和共同承诺。

四

明代的广东出现了影响巨大的岭南学派，“经世致用”是岭南学派最旗帜鲜明的文化主张。佛山是岭南学派的重镇，以南海“九江先生”朱次琦为代表的思想者一直倡导实用主义：注重实际、反对空想。这样的思想也演变为佛山工匠文化的最大特征：功夫

铜凿剪纸

佛山剪纸源于宋代，盛在明清，有剪有刻，以刻为主。利用佛山名特产铜箔和色纸作原料，并且发展了凿、衬、印、手绘等多种剪刻技法，因而形成了材料刻纸、写料刻纸、纯色剪纸、衬色剪纸和铜凿剪纸等许多种类，又尤以铜衬料、铜写料、铜凿料最具特色。

立身、实业报国。

陈启沅是开启中国近代民族纺织工业先河的实业家，这位西樵山走出来的先驱悉心研究缫丝技术，并游历南洋很多地方考察，最终选择在法式缫丝机的基础上结合南海蚕丝的特征进行改造，创办了中国第一家民族资本经营的机器缫丝厂——继昌隆缫丝厂。陈启沅的成功启迪了更多的佛山匠人，佛山成了广纱、广缎的主产地，顺德一举成为“南国丝都”“岭南壮县”“广东银行”……佛山工匠文化的第二个特征——兼容并包、精益求精，也由此奠定。

陈启沅

明清时期的佛山以冶铁、陶瓷、纺织、中医药四大行业为主干，发展出近 300 个上下游关联产业，4000 多个手工作坊，制造业工匠总数超过 10 万人。这支庞大的工匠队伍成立了自己的团体组织西家行，类似于今天的行业协会，主要职能是切磋技艺、分工合作、捍卫权益，这就涵养了佛山工匠文化的第三个显著特点：最懂得配合，也最善于协同。

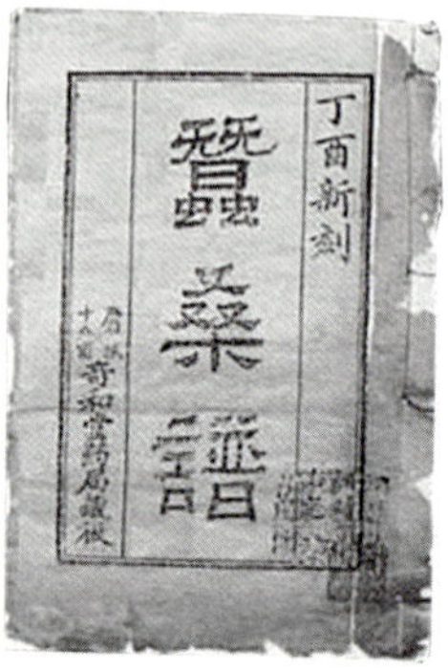

陈启沅《蚕桑谱》书影

心心在一艺，其艺必工；心心在一职，其职必举。佛山的工匠文化，不仅奠定了佛山制造的品质和地位，也塑造了佛山的城市气质和风度。

佛山人喜欢说一句口头禅：“要发财，忙起来。”发财的路子

民国的缫丝机械厂

清末民初遗留下来的佛山商业街区

或许很多，但佛山人大多选择做实业。选择实业的背后是选择工匠文化。佛山人知道，要靠手工业吃饭，手上的活不好，是不可能活下去的。征战江湖，质量是最好的武器。对品质的崇尚渗透在佛山人的骨头和血液里。当今佛山企业家圈子里，谈论最多的是谁家的技术更好，谁家出的活更漂亮。品质不好的企业一定会被同行笑话。

佛山人人都有老板梦，“宁做鸡头不做凤尾”。按理说，这么多想当老板、想做“鸡头”的人聚在一起，很可能出现各自为政、彼此算计的“窝里斗”，但佛山却是互相成就、一团和气。

最典型的是佛山陶瓷。当年的佛陶集团走出了几十位陶瓷老板，他们各自创业，像葡萄一样连接陶瓷产业各个环节，彼此相安无事，甚至相互配套，形成了全国最强大的陶瓷产业生态圈。佛山家电、佛山家具、佛山服装……几乎所有的佛山产业集群也是这么来的，它们是工匠文化喂养出来的鲜花和硕果。

（1）

（2）

（3）

（4）

清代佛山商业繁荣

据清《岭南杂记》记载：“佛山镇，离广州四十里，天下商贾皆家焉。烟火万家，百货骈集，会城百不及一也。”徐珂的《清稗类钞》记载：“佛岗[山]之汾水旧槟榔街，为最繁盛之区。商贾丛集，阛阓殷厚，冲天招牌，较京师尤大，万家灯火，百货充盈，省垣不及也。”

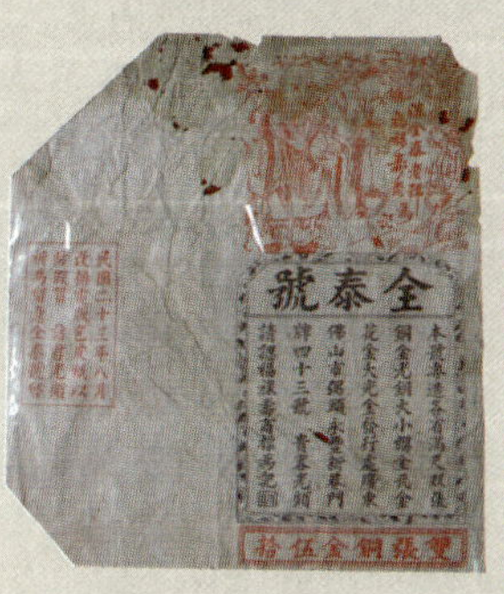

（5）

（6）

（7）

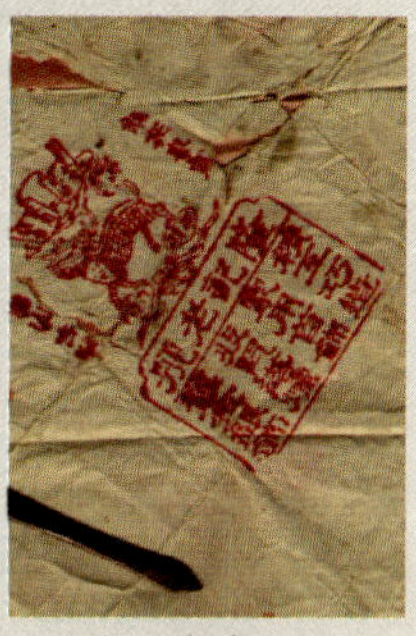

（8）

（1）金箔行 民国“粤东佛山市李昌盛老牌”金箔商业广告

（2）饼食行 “佛山福昌中秋月饼”广告宣传单木刻版

（3）海味京果行 “官山永泰”（经营粮油杂货和各地京果海味贸易的商行）广告纸木刻版

（4）饼食行 “佛山恒昌号正色枧水”（枧水，广式糕点常用的传统辅料）广告宣传单木刻版

（5）铜箔行 民国“全泰号”铜箔金花绉金纸商业广告单

（6）轻工业 我国第一家民族工业火柴厂——“广东佛山巧明火柴厂”1879年诞生于佛山镇文昌沙

（7）花红染纸行 民国“佛镇茂元号”纸业广告单

（8）金银首饰行 民国“隆记老号”纯银发簪包装广告单

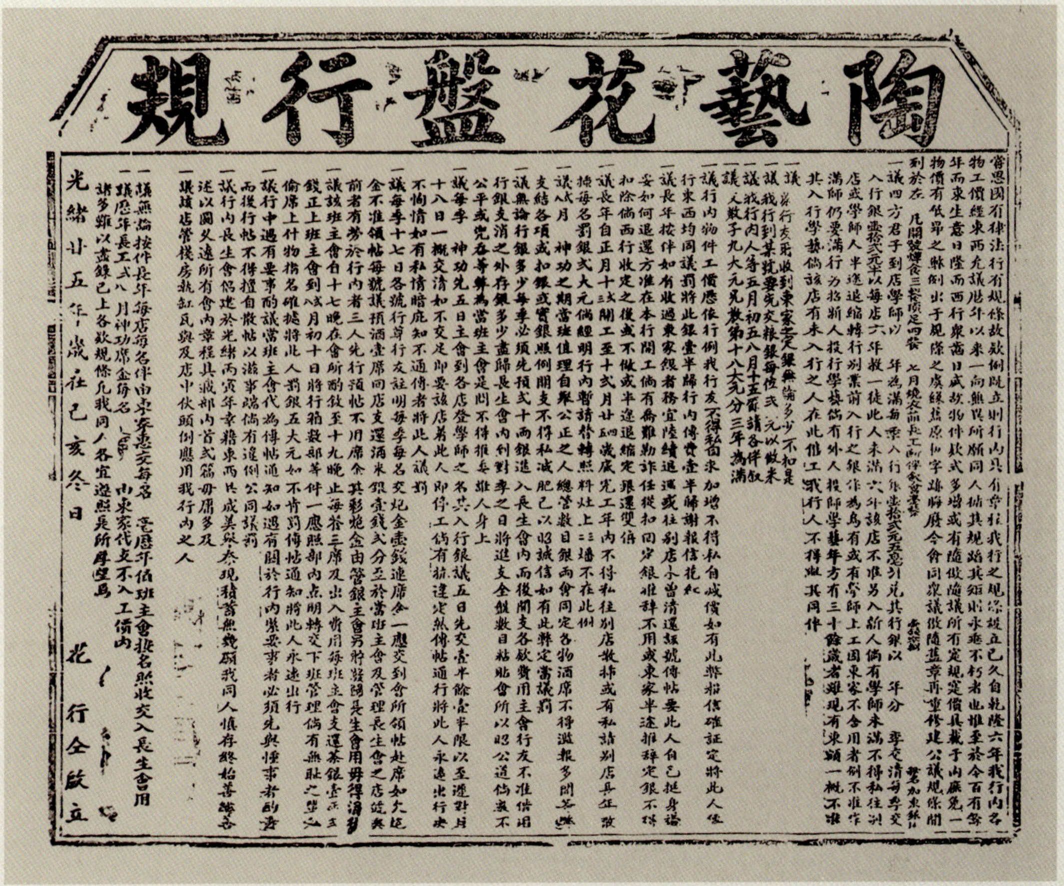
陶藝花盤行規

光緒廿五年歲在己亥冬日

花行全啟立

《陶艺花盘行规》正式订立于乾隆六年（1741），光绪二十五年（1899）修订重刻

陶艺花盘行规（节选）

以每店六年教一徒，此人未满六年，该店不准另入新人。倘有学师未满，不得私往别店。或学师人半途退缩转行别业，前入行之银作为乌有。或有学师上工，因东家不合用者，例不准作满师，仍要满行另招新人投行学艺。倘有外人投师学艺，年方有三十余岁者，虽现有东家一概不准其入行学艺。倘该店有未入行之人在此雇工，我行人不得与其同伴。

香云纱

独产于珠江三角洲，主要产区是顺德、南海、番禺等地。依托于水网密布的岭南水乡和传统桑蚕丝绸文化，成为世界上为数不多的由纯植物染料与河泥染色的桑蚕丝绸织物，是岭南地区独有的丝绸面料，也是全世界手工植物染整生产方式中的珍品，被誉为纺织品中的“软黄金”。

1973 年伦教丝织厂工人抓生产

20 世纪 70 年代大良镇工厂，工人正在检测砝码

20 世纪 80 年代“万元户”的时髦家用电器

五

改革开放的大幕拉开之后，佛山迎来了高光时刻。

北滘家电、陈村花卉、乐从家具、盐步内衣、张槎针织、南庄陶瓷、丹灶五金、伦教珠宝、平洲玉器、大沥铝型材……佛山之所以能够率先为中国贡献数量众多、备受瞩目的“一镇一品”专业镇，就是因为佛山有深厚的工匠文化土壤。没有这样的基因，就不会有这样的佛山现象。

今天的中国是城市时代，城市越大，吸纳资源的能力越强，城市的“虹吸效应”无处不在。佛山紧邻广州，但鲜有佛山企业搬到广州，甚至很少有佛山老板搬到广州居住。每年来佛山招商的人很多，他们想尽办法、用尽招数，但成效并不显著。是佛山企业家留恋美食之都，有浓厚的乡土情结吗？这样的因素不是没有，但关键还是他们舍不得佛山的工匠文化生态系统：小草、灌木、乔木彼此构成链条、彼此相互成就，换一个地方，也许就没有这样的生态。

一个时代有一个时代的歌喉，一个时代有一个时代的工匠。那些身怀绝技、曾经被推崇和敬仰的木匠、瓦匠、铁匠、石匠、鞋匠……已经从历史的舞台淡出或者谢幕，取而代之的是车间、流水线、机器人作业，但无论技术发展到什么水平，人总是最核心的生产要素。一些行业消失了，但精益求精的工匠精神永远不会过时，也永远不会被淘汰。无论人类怎么聪明，只有沉得下心、坐得住“冷板凳”的人，才可能做出匠心独运、经得起时间和历史检验的作品。

有家就有佛山造，佛山制造的品质背后，是独具匠心的探索和工匠精神的坚守。

美的集团工程师黄兵，两年煮了两吨米，研发出国际一流的电饭煲；格兰仕集团工程师黄醒民，两年烤了 6000 只鸡，造出世界一流的微波炉；九江酒厂高级酿酒师刘新益，每日品酒百杯，15 年酿酒酿出 40 种新品……

蒙娜丽莎全球首创零碳燃烧陶瓷板

美的库卡车间

伊之密数字化工厂压铸机生产线

国星光电 LED 封装车间内工人在仔细作业

高明海天酱油生产基地

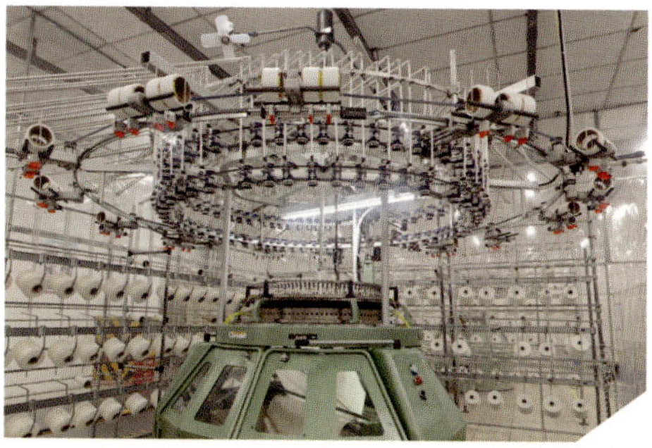

广东溢达织布车间的智能验布机

六

有人说：国与国、地区与地区之间，10 年比的是经济，50 年比的是制度，100 年比的是文化。文化是一种气质，也是一种气场。它时刻在塑造佛山的作为和走向。

敢为人先、精益求精、追求卓越，是佛山工匠精神和工匠文化的精髓，也是佛山制造最强大的文化力量。美的集团有一句名言：形成冠军思想，培养赢的习惯。这样的气魄代言佛山的工匠文化的指向：将佛山制造打造成中国制造高品质的标杆。

在 2016 年、2018 年、2022 年，佛山以高规格命名和表彰“大城工匠”，明确提出要让企业家精神与工匠精神交相辉映，成为照亮佛山现代工业文明之路的“双子灯塔”。

高质量发展、制造业当家——这是佛山的选择和承诺。产业转型升级是佛山制造必须打赢的一场战役，也必将是佛山历史惊心动魄的伟大跨越。山重水复，长路漫漫，我深信，无论风多高浪多急，功夫盖世的佛山必定会勇立潮头，书写新的、更大的传奇。

CRAFTSMAN CULTURE 工匠

顺德乐从国际家具博览中心家具市场

顺德碧江金楼木雕

佛山木雕，以红木雕刻为主，亦有贴金箔而成的金漆木雕，以清代最为兴盛。佛山木雕的雕刻工艺以粗犷豪放、大刀阔斧、形象夸张、刀法利落、线条流畅、构图富于装饰性为特点，尤以建筑装饰和祀神用品木雕最著名。

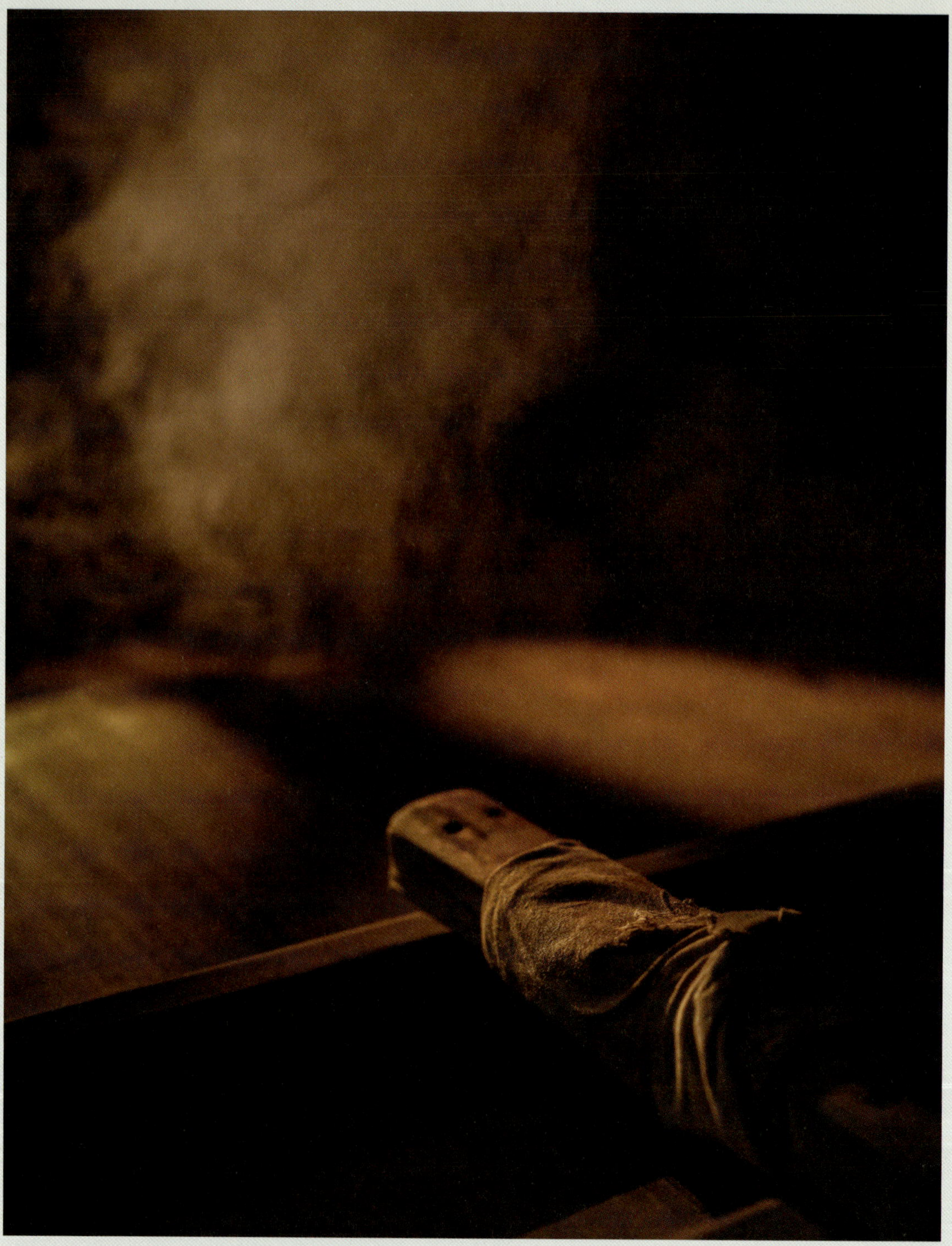

CUISINE
CULTURE

美食 · 传统陈村粉蒸锅

美食

十传十美——佛山十大传统文化风华录

CUISINE
CULTURE

最是佳肴抚人心

盛慧
一级作家
佛山市文艺评论家协会主席
佛山市作家协会副主席
佛山市艺术创作院副院长

凡炖法有三要：一煁；二汤水恰可；三要不失原味。此三者不可缺也。

凡炒法有七忌：一忌味不和，二忌汁多少，三忌火色不匀，或老或嫩，四忌小菜不配合，五忌刀法不佳，六忌停冷，七忌用油多少。此七者一不可犯也。

凡用小菜，必因物之爽，煁而配之，生于四时不同……

——清·红杏主人《美味求真》

CUISINE CULTURE
美食

捕鱼

桑基鱼塘

民以食为天，味又以鲜为先。鲜一直是对于美食的最高评价。对于知味的食客来说，鲜是一种足以让心灵融化的美妙感觉，是舌尖上的天籁之音。

“五味之始，以淡为本。”粤菜追求的是淡中之鲜，鲜中之甜。鲜是粤菜的灵魂，是入口时的惊艳，甜则是隐隐约约、不绝如缕的余味。鲜与甜的完美融合，便是粤菜征服味蕾的秘密所在。

一

提到粤菜，大家首先想到的自然是粤菜发源地、“世界美食之都”顺德。“食在广州，厨出凤城”，顺德是全国名厨最密集的地区之一，曾在上海锦江饭店主厨的萧良初和北京饭店特一级烹调师康辉都是顺德人。香港美食家蔡澜曾这样感叹：“如果说天下第一好菜在中国，吃在广东，顺德又是省中最懂得享受的……”

鱼是顺德最负盛名的食材，这离不开桑基鱼塘的生产模式。顺德人因地制宜，把低洼的土地挖深为塘养鱼，堆土筑基，填高地势，相对降低地下水位来种植果树和桑树。

在顺德，最有特色、最为美食家们推崇的是“鱼生”。中国古人将鱼生称之为脍，有“食不厌精，脍不厌细”之说，这种吃鱼之法在唐代以前颇为盛行，诗圣杜甫就特别喜欢这道美味，曾写下“无声细下飞碎雪，有骨已剁觜春葱”的千古名句。明清以后，鱼生日渐式微，从中国人的餐桌上消失了，如今，只在少数几个地区得以沿袭，其中，又以顺德为最盛。

吃顺德鱼生一定要现杀现片，晶莹剔透，薄如蝉翼，口感很奇妙，开始是薄荷般清凉，然后是柔软、鲜嫩，再后来是微微的清甜，完全感觉不到一丝腥味，只有鲜美的味道在舌尖尽情地欢腾、蹿跃。顺德本地的老人最爱吃鱼生，夏日的晚上，村口榕树下的大排档生意火爆，经常可以看到光着膀子、趿着人字拖的老人，边喝烧酒边吃鱼生，不时发出爽朗的笑声，他们吃得那么开怀，那么陶醉，我不由心生羡慕，很想坐下来，和他们对饮几杯。

油盐清蒸鱼，是经典的顺德美食，口感滑嫩，鲜甜至美，配料仅油盐和几丝陈皮，连一般做鱼常用的葱在这里也完全没有用武之地。这道菜成败的关键有两点：一是选材，一是火候。鱼捞

鱼生切片

老师傅手下的生鱼片不超过 0.5mm，晶莹似雪，薄如蝉翼，轻可吹起，切断细刺又不致肌理破散，口感爽口弹牙。

起来后，需要“瘦养”几日，烹制时要用大水大火，利用充足的水蒸气，在最短时间内将鱼蒸熟。

寻味顺德，烧鹅也是必试之物，它是粤菜的头牌，每一间烧腊店，都会将它挂在最显眼的位置。

烧鹅做法大致可以分为两种：一种是脆皮烧鹅，明火烧制，讲求皮脆、肉滑、骨香，味道层层递进，引人入胜；另一种是软皮烧鹅，暗火慢烧，讲究浑然一体，皮甘肉嫩，口口爆汁，回味悠长。

正所谓萝卜白菜各有所爱，相较而言，我更喜欢脆皮烧鹅，它的口感一波三折，充满了迷人的戏剧性。夹上一块，点上琥珀色的酸梅酱，入口咀嚼，鹅皮咔嚓作响，脆如薯片，油脂的香味，包裹着丝丝缕缕的荔枝木香，在口腔中繁弦急管般奏响，那种愉悦与满足，又远非薯片可比拟。鹅的皮下脂肪，早已在高温中熔化，深情款款地渗入鹅肉之中，使鹅肉甘香四溢，汁水充盈，就连鹅骨，也充满深邃的幽香。

淡极始知花最艳，人间本味是鲜甜。为了保持食物本身的鲜甜，厨师们喜欢白切、白灼、清蒸等最为自然朴素的方式。

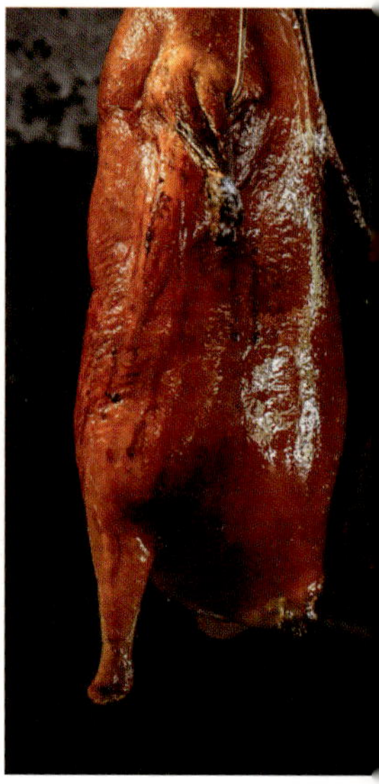

荔枝木烧鹅

佛山街头随处可见的烧腊店

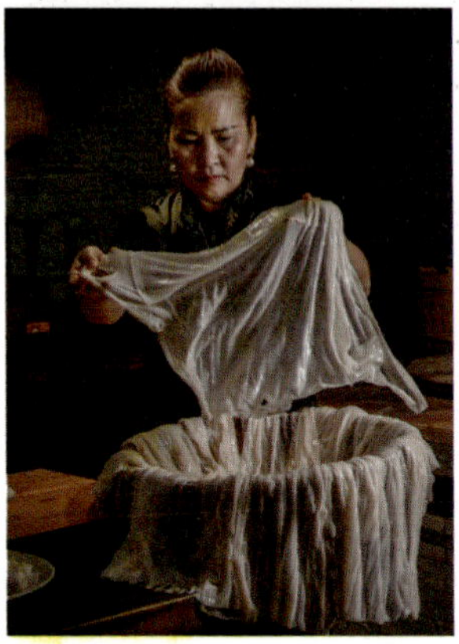

佛山市非物质文化遗产陈村粉制作技艺第三代传承人

陈村粉

陈村粉是顺德陈村的一道传统名菜。1927 年，顺德陈村人黄但借鉴了南海西樵人的经验，经过精心改进，创制出一种以薄、爽、滑、软为特色的米粉，这就是拥有近百年历史，“薄如蝉翼、纯白若雪”的陈村粉。

比如吃火锅，岭南人称之为“打边炉”，顺德人最喜欢用粥水打边炉，本地人称这种粥为“毋米粥”。做法是用大火煲米三四个小时，待水米交融之后，再用细渣格隔掉米渣，粥水细腻绵滑。粥体有一定的黏稠度，半透明，有光泽，用这种粥打底，可以涮海鲜、肉片，粥水像一件轻薄的外衣，将食材本身的鲜香紧紧包裹，让食材始终保持嫩滑的口感。吃到最后，粥底吸收了食材的精华，美味而又养生，喝上一口，会让人生出“香于酪乳腻于茶，一味和融润齿牙”的感慨。

顺德非物质文化遗产粥水制作技艺第四代传承人

“天食人以五气，地食人以五味。”五味之中，最难抗拒的终究还是甜味。“南甜北咸东辣西酸”，佛山人对甜味尤其眷恋，在这里，一场完美的宴席，总会以糖水作为甜蜜的句号。

甜品之中，最有名的是双皮奶，算起来，它已有近百年的历史了。20 世纪二三十年代，董孝华在顺德大良近郊白石村，以养水牛、挤牛奶、做牛乳为业，人称“牛仔华”。一次偶然的机会，董孝华得到了“炖奶精华在奶皮”的顿悟，经过反复的钻研和探求，创制出清甜嫩滑的双皮奶。所用材料很简单，一碗水牛奶、鸡蛋清、糖而已，那一层凝结的奶皮格外香浓，细细品咂，

毋米粥

毋米粥，找不到一粒米的粥底火锅，其精髓是“有米不见米，只取米精华”。

两层奶皮的味道也是不一样的，上层奶皮甘香，下层奶皮香滑润口，令人难忘。

二

除了顺德，佛山另外四个区的美食，皆有代表之作。

禅城区的应记面馆，始创于1936年，店里的“皇牌应记云吞面”曾获“中华名小吃”称号。面用的是筋道十足的竹升面，金黄，有蛋香，为了让面条更加爽滑有弹性，制作工艺很特别，在中间放入鸭蛋，不加水，然后将面团放在竹竿下压制，广东人因“竿”音不吉利而改称“升”。

佛山老店得心斋的酝扎猪蹄是我最爱的菜式之一，得心斋已经有三百多年的历史了，食家们认为这里出品的酝扎猪蹄，煙中带爽，肥而不腻，和味甘香，举世无双。

佛山南海里水镇有一道传统名菜叫霸王鸭，霸王鸭原名莲王鸭、凤凰鸭。相传，清光绪年间，重臣李鸿章的母亲八十寿辰，召集大批南北名厨为其母制作寿宴，名厨每人煮一味菜以显身手。当里水一位厨师做出这味莲王鸭上席后，大家称赞不绝，该菜技压群芳，雄霸全席，人们给予称号——霸王鸭。其制作工艺繁复，最重要的一环是将胸腔内鸭骨去掉，酿入绿豆、栗子、莲子、火腿等馅料，肉香、菇香、豆香融为一体。

高明区最出名的是濑粉，选用晚造水稻当中的合水黄谷米，辅以葱、姜、蒜、花生、头菜丝、鸡蛋丝，再配以肉丝或煎香的鱼饼丝为配料。“濑”字很生动、形象，取义于“水从细沙上流过”。这道小吃的意头也很好，有着长长久久、如意吉祥的寓意，润滑爽口而有弹性，非常可口。特别值得一提的是，该区山清水秀，盛产好食材，三洲黑鹅、合水粉葛，皆声名远扬。

三水区最有名的是河鲜。“一夜东风吹雨过，满江新水长鱼

糖水

糖水在广东，其实就是一种中式甜品，形态以糊状、汤羹、沙冰为主，除了实质上的炖煮糖水外，还有类似半固体口感的食材，所以在粤语是说“食糖水”。

广东省非物质文化遗产顺德民信双皮奶制作技艺第三代传承人

双皮奶

双皮奶所用材料很简单，一碗水牛奶、鸡蛋清、糖而已，那一层凝结的奶皮格外香浓，细细品咂，两层奶皮的味道也是不一样的，上层奶皮甘香，下层奶皮香滑润口，令人难忘。

▶

虾。”清明前后是吃河鲜的好时节，石缝虾是我必点的菜式。此虾因生长于石缝中而得名，西江水底，水流湍急，石缝虾便像长臂猿一样，用一只钳死死钳住石头，腾出另一只钳来吃水中微生物，因此两只钳不一样长短。它的肉质密实，用笼仔蒸最为常见，鲜甜美味，爽口弹牙。此外，三水的禾秆盖珍珠、疍家腊鸭扎也颇值一试。

高明濑粉

三水河鲜

三

一花一世界，一菜一故事。热爱美食的人不仅满足于味觉的享受，也热衷于挖掘其背后的文化底蕴。

在粤菜发展的历程中，佛山有太多可圈可点之处。回眸历史，

高明更合镇水井村粉葛基地

粤菜在民国初年达到第一个鼎盛期。当时最负盛名的两个代表性家族菜，一个是谭家菜，一个是江太史菜，其创始人，皆为佛山人。谭家菜由谭宗浚的家人所创，有菜品近三百种，以发制烹调海味菜最有名，尤其以燕窝和鱼翅的烹制最为有名，北迁之后，融各菜系而成为顶级官府菜。“太史菜”是以江孔殷的“太史第”而命名，以蛇羹为主打菜肴，配以太史豆腐、荔枝菌等形成的府第菜、私房菜系列。“太史菜”堪算“百年粤菜第一家”，开粤菜风气之先，可以说，有了它才有“食在广州”的赞誉。此外，佛山人还将广

顺德酱鲮鱼

均安蒸猪

顺德勒流连杜生菜会

顺德头抽凤城鸡

中年时期的冼冠生

1937 年《文摘》杂志上的冠生园果子露广告

大顶苦瓜

沙口笋

州的低档茶居升级为高档茶楼，其代表人物谭新义开了十几间茶居连锁店，被称为“茶楼王”。冼冠生十四岁时只身闯荡上海，从小吃店的学徒做起，最后开创了“冠生园”，成为名盛一时的“食品大亨”。上海最有名的百年粤菜馆——新雅粤菜馆，其创始人蔡建清也是佛山人……

“谷食之有糕饼，犹肉食之脯脍。”广东地区，饼食甚多，最有名的当数杏仁饼、盲公饼、鸡仔饼和西樵大饼，有“四大名饼”之称。很多人不知道，“四大名饼”的诞生，都和佛山人有关。

佛山的盲公饼，始创于清嘉庆年间，甘香酥脆，齿颊留香，咬上一口，花生和芝麻的浓香，便如秋云一样在舌尖自由舒展。盲公饼的诞生和佛山人何声朝有关，他是个可怜人，八岁时由于家贫患病，无钱医治，以至于双目失明。后来，开设一间“乾乾堂”卜易馆，占卦算命，远近前来问卜的妇人常携带孩童，喧闹不止。何声朝的长子脑子活络，他以饭焦干研磨成粉，拌以油、糖、花生、芝麻等材料，炭火烘烤成饼，卖给问卜者以饵孩童。这个饼原本没有名字，买饼的人顺口称其为“盲公饼”，叫得久了，主人也就顺水推舟，正式打出了“盲公饼”的招牌。

四大名饼中，西樵大饼体型最大，相传为明代吏部尚书方献夫所创，以佛山西樵官山圩的天园饼家出品最为正宗。该店所用的发酵种头，代代相传，至今已有两百多年历史了。

鸡仔饼，原名“小凤饼”，因形似雏鸡而得名。据考证，是由顺德女工小凤所创。而杏仁饼的创制，也与顺德的自梳女潘雁湘有关。

此外，很多人喜欢吃的煲仔饭，据专家们考证，起源于顺德的五更饭，本是当地妇女产后所吃的食物，因在五更时分做成而得名。

哲学家费尔巴哈说：“人就是他所吃的东西。”食物，就是

西樵大饼

教糕

顺德礼饼

炸牛奶

官窑生菜会源于明代中期，兴于清代，盛于民国，并延续至今。旧官窑生菜会与风山古庙庙会有关，会期为正月廿三至廿七。
生菜本名莴苣，粤人因其菜可生食故以名之。每届新岁居民互相赠答，盖取生发之意。（原文节录）

清光绪年间《点石斋》画报上的官窑生菜会场景图
▶

佛山早茶

佛山早茶文化可追溯到清代，早在同治、光绪年间，就有“二厘馆”卖早茶。馆子门前挂有“茶话”二字的木牌，内部只提供简单的木桌板凳和简单的茶水糕点，顾客多为劳苦大众。随后，为有身份人士而设的“茶居”就应运而生。后来，茶居生意做大之后改名“茶楼”。

一面镜子，追求什么口味，便是什么性情，佛山人的饮食，选材讲求正气，以性平味甘为上，食物滋养身体，也在无声无息中造就了性格。性平，使得他们心态大多平和；味甘，则是乐观豁达，时时寻找快乐，苦中也要作乐。

“鸡有鸡味，鱼有鱼味”，是佛山人对美食的最高评价，也是佛山人的生活哲学，不事雕琢，便有清水出芙蓉的品质，不尚铅华，便会有疏云映淡月之意趣，至真则至鲜、至简则至美，这是美食的本义，也是生活的本义。

CUISINE CULTURE 美食

《美味求真》

成书于清光绪十三年（1887），书中共收录了184道菜品，是传说中的“粤菜第一书”。在清末民初年间被众多书局翻印成数十个版本流传，珠三角地区的许多厨师深受其影响，甚至连远赴日本、南洋、美洲的华工也把这本书当成秘籍，贴身收藏带到海外。

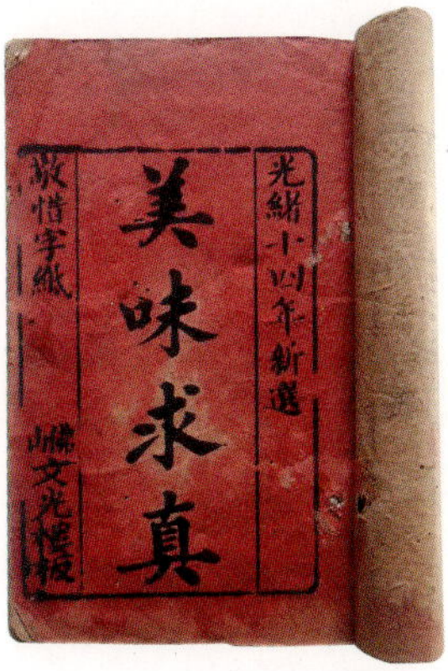

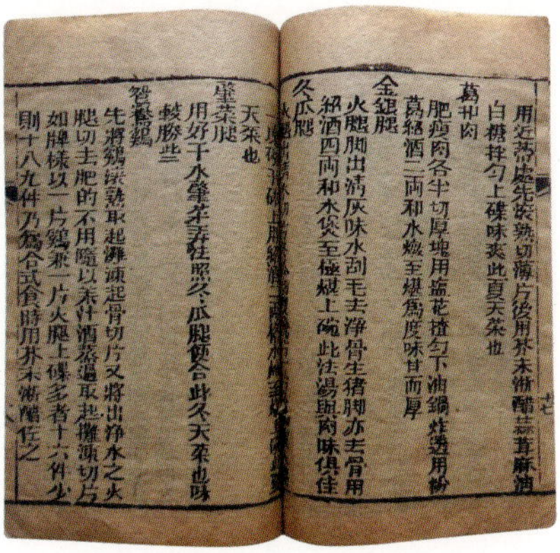

小河街
24-36
龜苓膏
感冒茶
銀花梔子飲
清肝瀉火
玫瑰白芍茶
龜苓膏
滋陰降火 拔毒生肌
清熱解毒 養顏護膚
男女老幼 四季皆宜

茶铺
有屋出租
野
葛菜水
307

CULTURE
OF
QIUSE

秋色 · 荟萃艺术灯（局部）

秋色

十传十美——佛山十大传统文化风华录

CULTURE
OF
QIUSE

万人空巷赏秋色

安石榴

诗人
散文家
评论家
中国『70后』诗歌主要发起人之一

会城喜春宵，吾乡喜秋宵。醉芋酒而清风生，盼嫦娥而逸兴发，于是征声选色，角胜争奇；被妙童以霓裳，肖仙子于桂苑；或载以彩架，或步而徐行；铛鼓轻敲，丝竹按节，此其最韵者矣。至若健汉尚威，唐军宋将，儿童博趣，纸马火龙；状屠沽之杂陈，挽莲舟以入画，种种戏技，无虑数十队，亦堪娱耳目也。灵应祠前，纪纲里口，行者如海，立者如山，柚灯纱笼，沿途交映，直尽三鼓乃罢。

——清·陈炎宗《佛山忠义乡志》

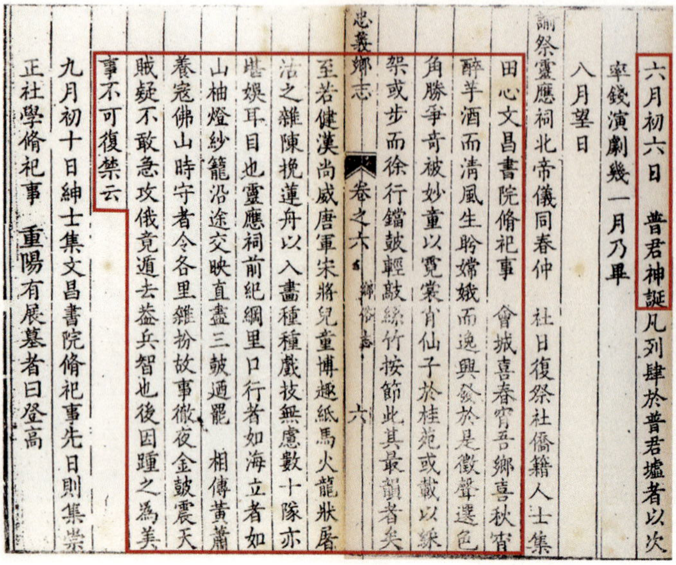

六月初六日 普君神誕凡列肆於普君墟者以次率錢演劇幾一月乃畢

八月望日

詣祭靈應祠北帝儀同春仲 社日復祭社僑籍人士集田心文昌書院脩祀事 會城喜春宵吾鄉喜秋宵醉芋酒而清風生聆嫦娥而逸興發於是徵聲選色角勝爭奇被妙童以霓裳肖仙子於桂苑或載以綵架或步而徐行鐺鼓輕敲絲竹按節此其最韻者矣

忠義鄉志 卷之六 鄉俗志 六

至若健漢尚威唐軍宋將兒童博趣紙馬火龍狀屠沽之雜陳挽蓮舟以入畫種種戲技無慮數十隊亦堪娛耳目也靈應祠前紀綱里口行者如海立者如山柚燈紗籠沿途交映直盡三鼓通罷 相傳黃蕭養寇佛山時守者令各里雜扮故事徹夜金鼓震天賊疑不敢急攻俄竟遁去葢兵智也後因踵之爲美事不可復禁云

九月初十日紳士集文昌書院脩祀事先日則集崇正社學脩祀事 重陽有展墓者曰登高

清乾隆版《佛山忠义乡志》对秋色的记载

《佛山秋色巡游》木版年画（现代，马秉荣创作）

秋色，顾名思义，就是秋天的景色。中华大地，幅员辽阔，一年四季，美景变幻。金秋时节，天高云淡，层林尽染，美不胜收，北京香山的红叶、内蒙古额济纳的胡杨林、云南腾冲的银杏……皆为人所津津乐道。然而，佛山秋色是与他处大为不同的。

佛山秋色并非时序更替所呈现的自然景象，而是人们在收获时节燃起的喜悦、热情和创造。佛山是一座以工商业闻名于世的城市，佛山秋色所承载的，远不止农业劳作的收获，还包括手工业、商业、集聚贸易、交通运输等各方面的繁盛，而维系其间的兼有信仰习俗、祭祀庙会、乡饮酒礼、工艺艺术、休闲娱乐种种。可以说，但凡当地民间喜闻乐见的欢庆形式，几乎都会在历次的秋色巡游中得以演绎，可谓包罗万象，精彩纷呈。

佛山秋色
福

佛山秋色巡游，杏坛民间舞蹈《人龙舞》

秋色开幕式，祖庙前的舞龙

秋色开幕式舞狮

佛山秋色

佛山秋色是一场佛山民众自我表现的民间盛会。随着历史的发展，佛山秋色习俗也逐渐从民间自发组织转变为政府主导。

2009 年起，佛山秋色巡游定为一年一次，在每年金秋时节举行。2023 年，秋色巡游路线从原来的“佛山镇”延伸到南海西樵。

一 流传之色

“吾乡喜秋宵。……征声选色，角胜争奇……行者如海，立者如山，柚灯纱笼，沿途交映，直尽三鼓乃罢。”这是乾隆《佛山忠义乡志》中对佛山秋色的记载。

佛山秋色起源于何时？今天我们追溯佛山秋色的源流，或许可分为两个阶段：一是尚未获得命名时的雏形阶段，二是正式定名后的全盛阶段。

早在1700多年前，在西晋永嘉年间（307—312）的广州府季华乡（佛山的前身），乡民就会在明月普照的秋收之夜，舞动火龙欢庆丰收。那时所舞的火龙，主要采用茭笋壳和稻草捆扎而成，在龙身上插上香火，且舞且歌，火花荡漾，流光溢彩。

这条季华乡的火龙，一舞就是千年，逐趋丰富迷人。随着农业生产、手工制造、商业贸易以及地方人口的壮大发展，越来越多的节令、神诞、礼祀习俗与火龙相伴而生，越来越多象征吉祥的元素和祈福仪式加入其中。北宋元丰年间（1078—1085），

20世纪30年代佛山出秋色

1958年5月，佛山市民庆祝“五一”国际劳动节表演秋色

秋色舞龙灯　摘自《广州制作：欧美藏十九世纪中国蓪纸画》

“旱地龙舟”彩扎
根据龙崇拜形成的龙舟竞渡习俗在秋色表演中制作的“旱地龙舟”彩扎。

被称为“众庙之首”的祖庙建成，逐渐成为佛山地区无可替代的中心，人们在此议事、集会、祭祀。其中最为隆重的是“秋祭乡饮”活动，沿袭民间传统的乡饮酒礼，又与丰收庆典互为融合。宋元时期，在佛山祖庙已形成八月中秋以扮演故事为主的巡游活动，叫作“出会”。

进入明代中期，一场突如其来的地方动乱，让“秋色”正式进入历史的视野。

明正统十四年（1449），黄萧养越狱起事，聚兵十万围攻广州，随后转犯佛山堡。其时佛山堡并无城墙，也没有官兵驻扎，乡老梁广、冼灏通等22人组织乡民抵御，沿河涌竖起栅栏，挖沟固防。正值中秋时节，乡民在严防之外，为迷惑敌人，又让一众少年扮演“出会”故事场景，来回巡行，并不时点燃火炮，发声如雷。黄萧养的兵士在栅栏外远远看着，见人头攒动，锣鼓齐鸣，大刀长矛闪闪，惊疑不定，不敢贸然进攻。乡民们瞅准时机，不时出击，黄萧养见攻打无望，只得悻悻而去。

佛山乡民的疑兵之计，一时传为佳话。由此，中秋出会获得了精神的升华。为隆重起见，人们便将中秋出会定名为“出秋色”，又称“出秋景”。正式定名后的秋色，增添了传奇与担当的色彩，但自发性、民间性并未削减。由明、清至民初，历届的秋色，均是由居民以“铺”（住舍人口划分）的名义出面组织，或一铺牵头，或多铺联合，人们热情高涨，奔走张罗，出钱出力，极尽妙思巧手，将地方和行业特色发挥得淋漓尽致。每年秋色巡游之夜，巡游队伍长达数里，香车满路，灯花溢彩，演绎一幕幕岁月的华章。

佛山秋色宫灯

佛山秋色宫灯草图

宫灯选材考究，制作精细，纹饰繁复，整体造型端庄规整，呈放射状对称形状。宫灯中心部分分固定和旋转两种，可以旋转的也称作“走马灯”。

二 琳琅之色

秋色之美，琳琅满目，历数不尽。总体而言，计有七色：灯色、景色、水色、车色、马色、飘色、地色。

关于“七色”，佛山民俗文化专家余婉韶在《佛山秋色》一书中有如此归纳：“以玲珑剔透的秋色灯出现于秋色赛会的，称之为‘灯色’；以反映自然景物和社会生活的各种像生秋色工艺品，如蔬菜、鱼类、食品、花卉树木、器皿、石山、人物、动物等，谓之‘景色’；观之为花车彩架，以男扮女装表演故事者，称之为‘车色’；表演者以骏马代步，扮演英雄故事者，称之为‘马色’；表演以水为意境的各种舞蹈，如舞龙、采莲船、陆地行舟、旱地扒龙船等，谓之‘水色’；以‘飘’或‘挑’的高空技艺扮演故事的谓之‘飘色’（佛山出秋色时用长竹竿挑起色架巡游，故又称之为‘挑色’）；以步行化装表演杂剧、活报剧或高跷等故事杂技者称为‘地色’。”

七色所展示的工艺艺术品，主要有像生秋色和彩扎秋色两大

吴球师傅在制作纱灯

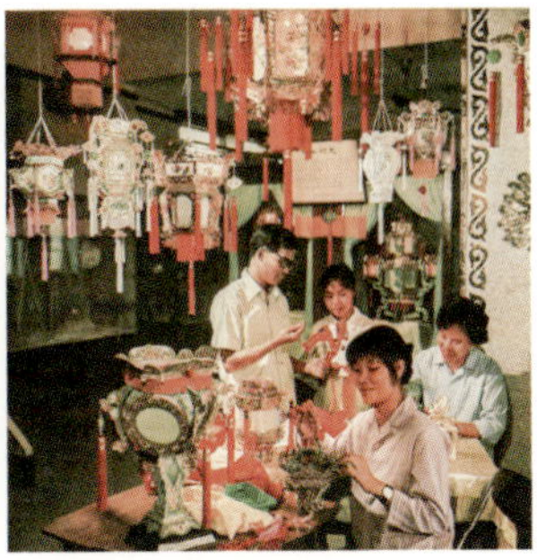

邓辉师傅在指导徒弟做灯

头牌彩灯

秋色赛会的标志性竞赛彩灯。头牌彩灯像一个造型奇特的灯楼，体量宽大，分三层，制作精美细致，色彩鲜艳夺目，在夜色里闪耀着独有的魅力，似乎是引领浩浩荡荡队伍向前的巨大的火炬灯塔。

1982 年的秋色头牌灯

茶基十番在茶基村的俊宇何公祠前训练

1982 年秋色赛会开路队之罗伞

大型壁画《佛山秋色盛会》局部（红色衬金地） 作者：陈永才

38 年龙年秋色火把队

色信号灯

类，尤其像生秋色令人叹为观止。这些工艺品的制作，就地取材，信手拈来，往往采用稻草、灯芯草、刨柴花、鱼鳞、废纸等杂物，或萝卜、南瓜、薯类、豆类，以扎、砌、针、裱、塑、雕各种手法，制成花卉、鱼虫、瓜果、菜肴、器皿等，每一件工艺品都惟妙惟肖，精美绝伦。

各色之间，排名不分先后，也无固定顺序，巡游时的出场大致视当年实际情况而定，孰先孰后一样出彩。在每年中秋时节，在即将点燃的夜晚，在佛山祖庙街区，当充满遐想和期待的秋色巡游帷幕拉开，岁岁不同的七色景象轮番登场，人群中发出阵阵欢呼，人们为心水（粤语，喜欢、偏爱）的节目或展品由衷赞叹，争相点评投标，甚至奉上红包以示奖赏，这就是属于秋色的高光时刻。

“新、奇、妙、肖”是秋色艺术品的主要特征，而“以假乱真”则是秋色艺术的最重要特色。佛山艺人制作的秋色艺术品，技艺精湛，真假莫辨，这是佛山秋色最为闪光的一部分，也是佛山秋色在岁月传承中的恒久之美。

秋色“七色”巡游历史瞬间

水色

车色

灯色

马色

地色

景色

飘色

秋色荟萃艺术灯

作者：黄敏言

运用鱼鳞、灯芯草、瓜籽、豆类、刨柴花、通草、麦秆麦穗、小贝壳等20种农副产品和水产品辅料，融合绘画、扎作、扪布、押花、剪纸、编织、衲纸、衍纸、针口刻、衬色与粘贴等工艺制作而成。

墨鱼骨灯

以墨鱼骨为主要材料，是在传统佛山彩灯基础上的创新之作。墨鱼骨，其骨质白而脆，有天然层叠纹理，雕刻作品具有象牙雕刻质感。

国家级非遗项目灯彩（佛山彩灯）代表性传承人

三 鲜活之色

人间最美是清秋，万人空巷赏秋色。

一场完整的秋色活动，大致可分为几大部分：筹备、祭祀、乡饮酒礼、巡游、赛会以及“晒标”。巡游表演与竞技赛会，是秋色的核心。如果说秋夜巡游是秋色的高光时刻，那么秋色制作就是沉淀和内敛之光。出秋色的酣畅淋漓，是短暂的欢愉，长久的回味，而博取这人前的喝彩和事后的谈资，背后却是秋色艺人无数个日夜的呕心沥血。

古往今来，佛山秋色艺人都坚守着这份寂寞与光荣，留下许多精彩的瞬间和经久的传颂。国家级非遗项目灯彩（佛山彩灯）代表性传承人、中国工艺美术大师杨玉榕在介绍秋色艺术品的制作时说，有时一盏彩灯要制作几个月甚至半年以上时间。

清代、民国至现代，佛山涌现了许多技艺超群、声名卓著的秋色艺人，如李钊、莫凌、李锦、刘昆、汤洪、李镜、梁次、吴球、

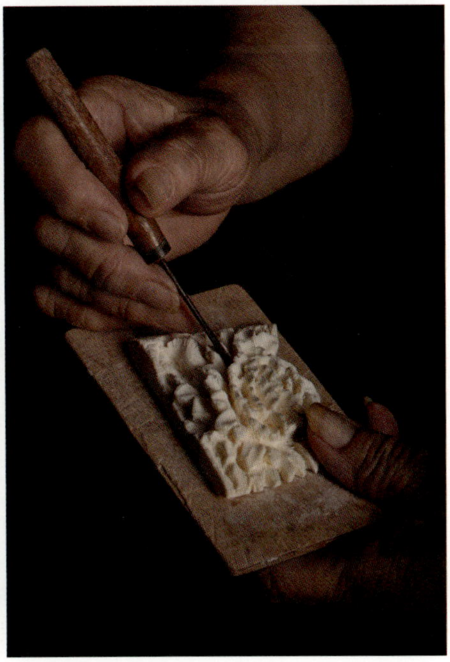

鱼骨灯制作

1988 龙年秋色之担头像生秋色“塘鲺鱼”

像生秋色

秋色之肖，指的是“以假乱真、惟妙惟肖”，以“像生”为评比的主要标准，是秋色工艺中最重要的特征。
这些“蔬果”“鱼肉”“米饭”等真假难辨的像生秋色，正是佛山秋色独具特色的一部分，其主要材质及制作工艺特点，共分为纸扑、蜡塑、雕批、粘砌四大类。

叶秋、杨玉榕、何信等。现为国家级非遗项目灯彩（佛山秋色）代表性传承人的何信，十几岁即跟随梁次师傅学艺，他至今依然清晰记得自己首次看到秋色作品时的情景，那是在 1956 年于佛山公园举办的秋色、剪纸和盆景展览上，当时师傅们做了很多“瓜果”“佳肴”，参观的人都误以为是真的。他说，令他印象最深刻的是梁次师傅用特制凉粉做的“塘鲺”，“水一晃动，‘塘鲺’仿佛在水里游动，就像活鱼一般”。

在佛山古镇历史风貌展示馆，我有幸观赏了杨玉榕师傅制作的经典彩灯，以及何信师傅制作的台面像生艺术品，那些以瓜子、纸片、墨鱼骨等制成的彩灯，千姿百态，精美绝伦；那些用面粉、蜡等塑成的鸡鸭鱼肉、蔬菜瓜果，栩栩如生，令人垂涎。

民国以来一度断续中止的佛山秋色活动，至 20 世纪 50 年代之后重焕生机。1956 年，佛山秋色艺术社成立，同年春节、中秋节均举行了“秋色观赏会”，消失多年的秋色活动回到公众的视野。随后，传统的佛山秋色巡游活动得以恢复，21 世纪以来再次达到兴盛。2006 年，佛山秋色被列入第一批广东省非物质文化遗产保护项目名录；2008 年，被列入第二批国家级非物质文化遗产保护项目名录。

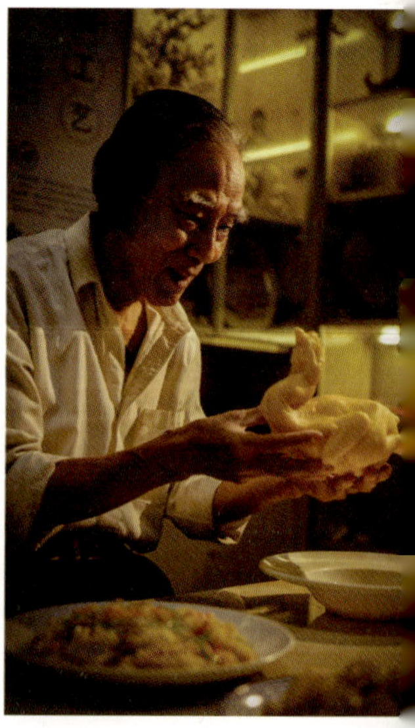
国家级非遗项目灯彩（佛山秋色）代表性传承人

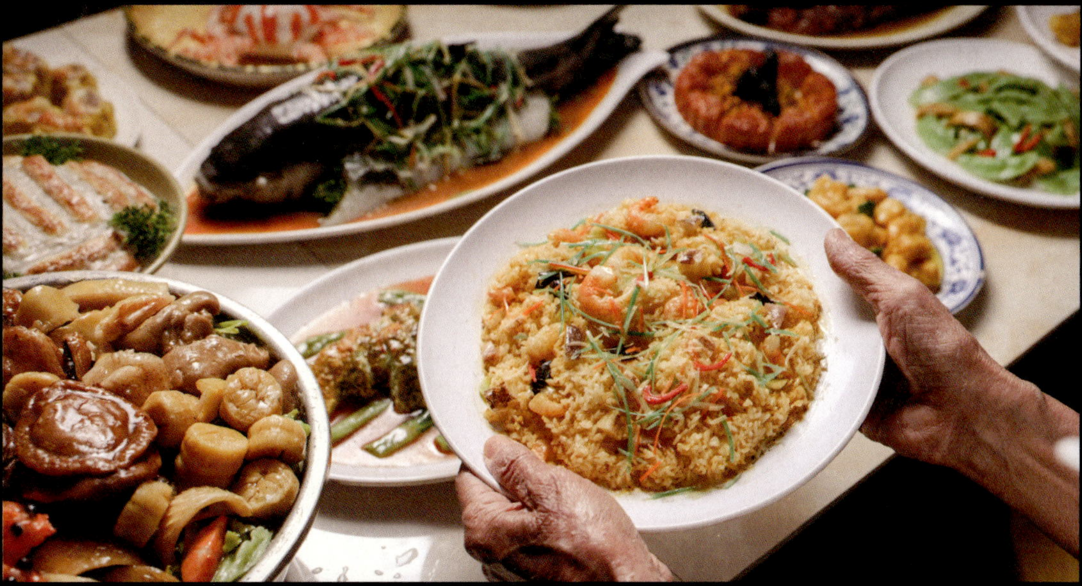

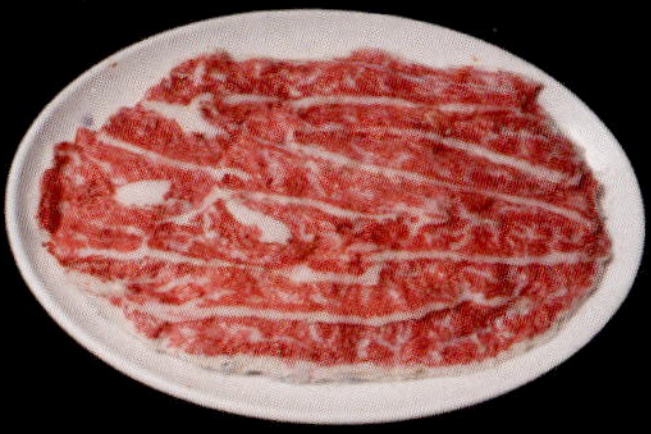

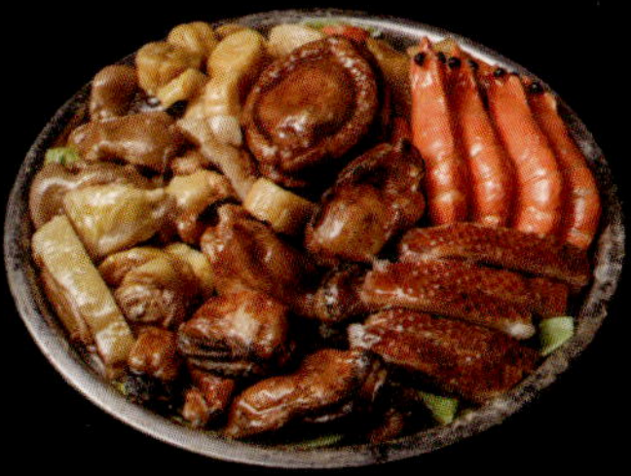

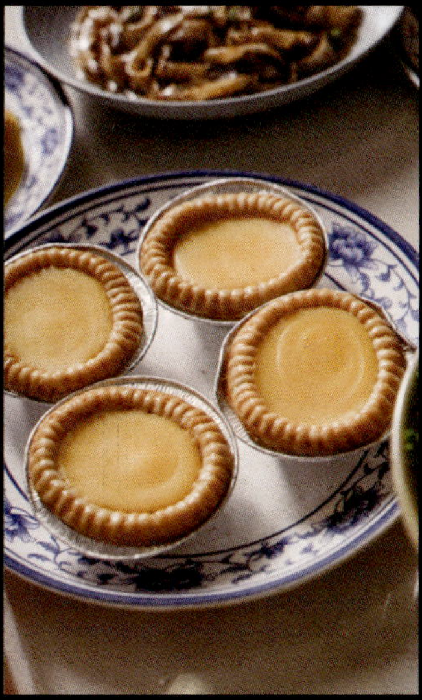

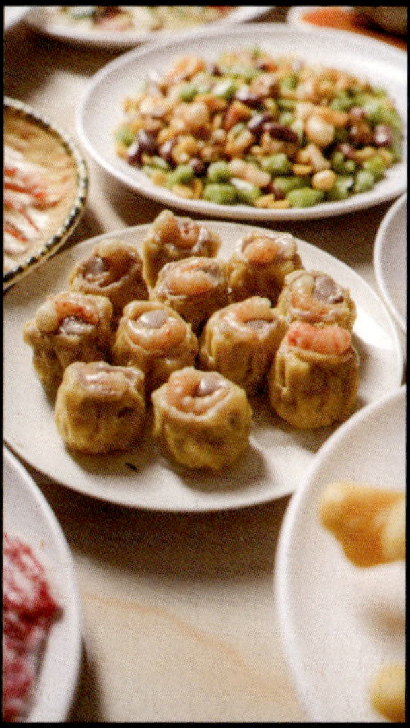

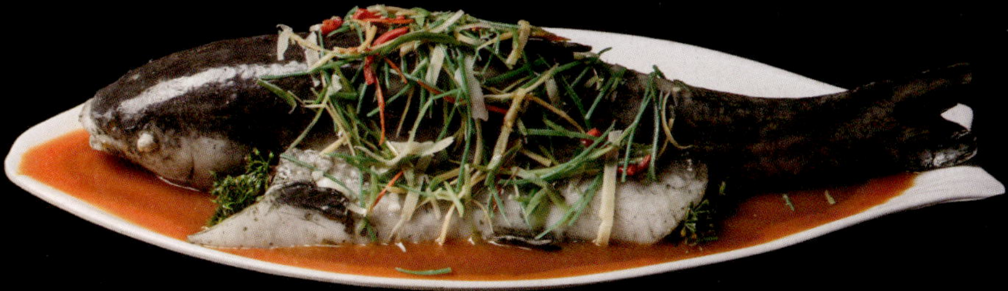

以假乱真的像生秋色

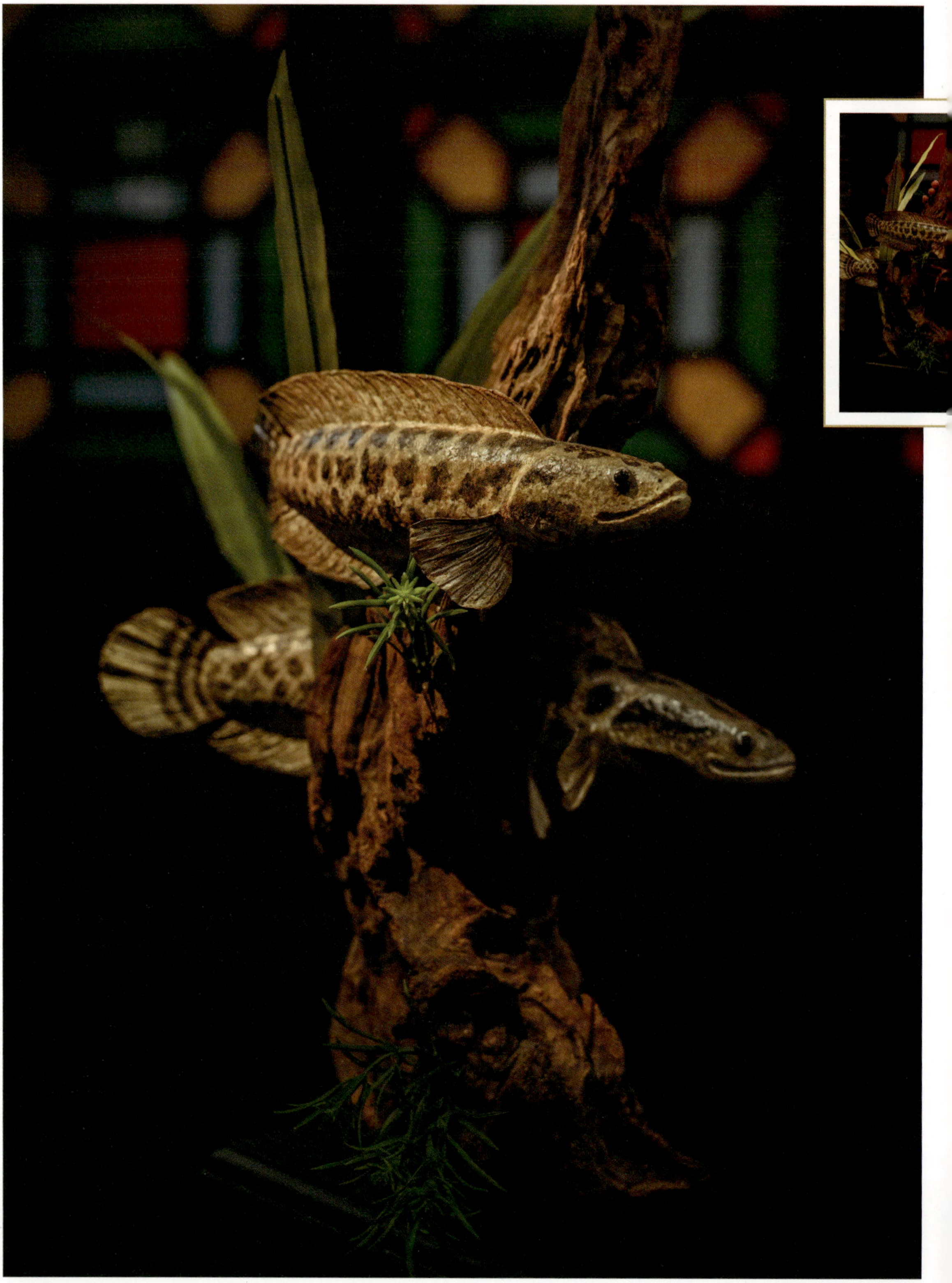

2009年，佛山秋色迎来了重大发展契机。这一年，佛山秋色被定为一年一次的秋季盛会，从而由民间的庆祝活动，升级成为展示岭南文化、传播佛山城市形象的重要平台。

佛山秋色省级非遗传承人

在创新发展的同时，佛山秋色的众多优秀传统也得以重现。2013年出秋色，缺席多年的“担头”“台面”仿真扎作又出现在巡游队伍中，以“鸡鸭鱼肉”“海鲜”“蔬菜”等为代表菜肴的“年夜饭”，以“干蒸包子”“肠粉油条”“炒牛河”等经典点心为代表的“早茶”，在众人的注目和赞叹中一路走来。

“柚灯如昼妒姮娥，丝竹沿街按节歌。纸马莲舟都入画，果然秋色比春多。”清代文人岑徵的这首《竹枝词》，至今依然随着佛山秋色而传扬。在几百年的时光流转中，佛山秋色犹如一道明亮的光，映照这座城市的今昔与未来，也吸引着五湖四海的人们循光而来。

CULTURE OF QIUSE 秋色

制作秋色像生作品《生色》

佛
山
信

祖庙门前秋色表演

CULTURE
OF
THE
ANCESTRAL
TEMPLE

祖庙 · 灵应祠

祖庙

十传十美——佛山十大传统文化风华录

CULTURE
OF
THE
ANCESTRAL
TEMPLE

沧海桑田话祖庙

黄国钦
中国作家协会会员
广东省作家协会主席团成员
广东省文学创作高级职称评审委员会委员
一级作家

凤形涌出三尊地，
龙势生成一洞天。
——佛山祖庙对联

CULTURE OF THE ANCESTRAL TEMPLE
祖庙

祖廟
祖廟

祖廟
祖廟

祖庙

佛山祖庙

三水胥江祖庙

如果说，佛山诞生于一座寺——塔坡寺，那么，可以说，佛山茁壮于一座庙——祖庙。

塔坡寺是一个遥远的传说，祖庙，却千年不易地立在那里。

祖庙的营建始于北宋元丰年间（1078—1085），那时，珠江口还是一个巨大的“几”字形，那时的佛山，还是江海边水乡泽国的一处洲岛，水从天来，芦花、荻花，一望无际，一片茫茫。人们在汾江岸边沙洲的高处，开始建造这座祖庙。

接着，有人在胥江左岸龙坡山的西麓，又造了一座祖庙。

一座古城，两座祖庙，佛山的传奇，由此开启。

一

庙宇，好像是家的锚地。

祖庙的出现，为佛山聚起了人气。晨昏之间，总有一队队操着中州口音的旅人，来到这里。

彼时，正值两宋间的那场战争，躲避战乱的北方人，收拾好细软行李，匆匆南徙。他们在珠玑巷稍事休息，又扶老携幼，再次跋涉，一直来到江海之边，大陆尽头。

初见祖庙，他们颇有些兴奋，有些感慨。脚下的土地，纵横交错的河流，耳旁吹过的潮湿的风……这些似乎都是前所未见的、新鲜的。

人们合计着，既然广州城城墙高筑，落地困难，那不如在这里安家落户。

那一段时间，祖庙附近，好一派生动和谐，江海之滨，沙埠洲围，码头渡口，口音混杂，南腔北调，中州来的富户、劳力，文化、技术，通通在佛山扎根。后来，佛山的大户人家、名门世族、读书种子，多有北方人的影子。

佛山人在高埠上铸冶，在低洼处筑堤，挡水围田。筑着筑着，大地连成一片，堤围上可以种蔗、种荔，水田里可以弃稻养鱼，这就是“果基鱼塘”。后来，看到了经济效益更好的蚕桑，便又砍树种桑，一处处水光潋滟、果树婆娑的沙田基围，变成了闻名遐迩的“桑基鱼塘”。

在这些大开大合、熙来攘往的变迁中，这些事业成败得失的决断里，祖庙一如既往，安宁祥和地注视着、调适着，给前来焚香祷告的人们指引，抚慰他们的担忧和躁动，提振他们的精神和信心，鼓励他们的谋划和行动。

1986 年春节，祖庙游客如云

二

北帝铜像

祖庙正殿供奉的北帝铜像，铸于明景泰年间，重约两吨半，高九尺五寸（3.04 米），取“九五之尊”之意。它是佛山铸铜业的典型代表作品之一，也是国内现存最大的明代铜铸北帝像。

◀

没到祖庙，就等于没来佛山。

祖庙供奉的神，是玄武，即北帝。在祖庙，我看到端坐神龛的北帝并没有通常神灵那般的威严，倒像一位穿古装的和蔼可亲的老人，笑微微地看着你，耐心倾听着你的诉说。

神州大地，乡人敬奉的神无处不在，但神各有各管，各有神威。像佛山这样，人人虔敬，个个心诚，日复一日，把北帝塑造成了人们身边有求必应、无所不能的守护神，像亲人、先人一般的谆谆老者，实属罕见。读一读佛山的历史，走一走佛山的街巷，听一听佛山的掌故，会发现，原来北帝还有北帝的灵显，是从佛

佛山祖庙正殿紫霄宫除夕祈福

漆朴神像

漆朴神像，又名“干漆夹贮像”。祖庙内的漆朴神像，分别陈列在前殿与正殿，其中北帝统属的天兵神将立像二十尊，另有四尊为本地城隍、土地神祇坐像。

前殿如意斗拱

斗拱是佛山祖庙的建筑特色之一。建于明洪武五年（1372）的正殿，是祖庙建筑群中年代最早的建筑物，其前檐所使用的斗拱最具特色，前面三下昂，后面三撑杆，使前檐大幅向外伸延，保护柱子免受南方充沛雨水的侵蚀，且形体坚固，外观雄伟，是我国现存古建筑中罕见的宋式斗拱实例。

真武祖庙灵应记碑

立于明景泰二年（1451），是佛山现存最早的石碑之一。其中《佛山真武祖庙灵应记》是祖庙首次使用“灵应祠”名号的碑记，重点记载了黄萧养之乱中，佛山父老依仗真武竭力保全乡土的灵应事迹。

山人的心里“生”出来的。

古老传说，佛山之脱离乡村，蜕变为城市，也是从一次人们与北帝的联手而共建的。

明代早期，黄萧养起事，围攻佛山。当时佛山富庶，百业兴旺，鼓铸坑冶更是名甲天下，铁器制品广销内陆各省和南洋各国。但佛山富有，也只是几十里沙洲上的一处墟市，名为“堡”，即佛山堡，没有城墙堑壕，怎么御敌？

堡内族老耆老聚集祖庙商定，以每一里半为界，把全堡分为二十四铺，首尾衔接，分铺御敌。堡中富户，应声而起，疏财拆屋，广购粮米器械，接济丁壮义勇，屋檩屋椽、窗棂门板，架为拒马、栅栏。半年多的防守战中，祖庙成了“抗战”的指挥所、议事厅，二十四铺的族老耆老，在这里议事问卜，决策征战。每次问得圣杯，开栅出战，都是战之能胜。而每次卜杯之后，空中总有北帝灵显

灵应牌坊

的“乌阵”“蚊旗”助阵助威。

这一次凝心聚力的佛山堡保卫战，意义深远，佛山浴血新生，由此产生了近代城市的雏形。

自此之后，佛山土地上，“嘉会堂”“大魁堂”，二十二铺、二十四铺、二十七铺，土著侨寓，不分彼此，群贤毕至，士绅咸集，借助祖庙议事自治的堂所，传承开来。

锦上添花的景泰皇帝，也顺应民心，在大捷欢欣的喜悦中，敕赐祖庙为“灵应祠”，着地方官府每年主持春秋两祭，办乡饮酒礼，不得懈怠……

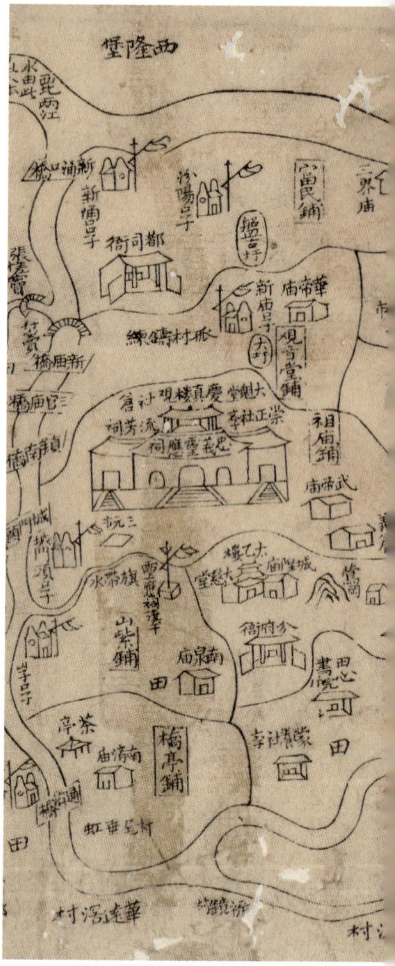

道光年间佛山二十四铺示意图

三

我看到的祖庙建筑，多是清代之后不断重修的。

清代，佛山乃工商业重镇，冶铁业、陶瓷业、纺织业、金属加工业、成药业，还有造船、造纸、酿酒、成衣、爆竹、木版年画……康熙禁海，利好佛山。海边居民，退潮般又蜂拥到此，人力物力财力，再次聚集此地。“一口通商”，又利好佛山。广货、洋货，从佛山走水路，沿西江，沿北江，入云贵，进川渝，过五岭，走湘江，走赣江，散全国。十八省土特产，山货皮货，又原路而来，在佛山云集，再经广州转口。广州、佛山，一时成了大清外销内贸的两个中心，“汾江船满客匆匆，若个西来若个东”，说的就是佛山大规模商品流转，常年不辍。佛山、景德、汉口、朱仙“四大镇”，北京、佛山、苏州、汉口“四大聚”由此流行。

祝勇曾经写过《水乡戏台》，不知他看到祖庙的戏台，会有何种感想？万福台，可能没演过沪剧越剧“余姚腔”，但“琼花会馆”新戏的首演，必定在此。当年，康有为、梁启超、张荫桓、吴趼人、江誉镠（南海十三郎），想必也在此看过献演。

乡饮酒礼（局部）— 纸本设色

每年三月初三，祖庙庙会北帝巡游

飘色

北帝诞

北帝，又称玄武、真武大帝等，是道教中司水之神，是佛山人最崇拜的神祇。每年农历三月初三为北帝诞辰，佛山人民都会举行盛大的北帝诞庙会。传统的北帝诞仪式有赴庙拜祭、贺寿开筵、烧大爆、演戏酬神、北帝巡游等。

洪熙官、方世玉、胡惠乾反清复明，在佛山织厂大闸机房，那时他们是否在万福台前看过酬神？他们的后辈黄飞鸿、叶问呢？

与万福台争奇斗艳的是出秋色。每一场祖庙秋祭，都有一场规模浩大的秋色。小时候，我看过郭沫若写的《佛山飘色》，铁枝上少年郎扮相俊秀，高高在上，婉转起伏，摇曳多姿。这种空中的艺术、肩上的艺术真是一绝，那种冲击那种震撼，那种出人意表匪夷所思，至今难忘。飘色是祖庙整个祭祀游神的一大亮点，是秋色中最具佛山韵味的狂欢高潮。佛山人善于继承更善于发挥，他们把前辈抗击黄萧养的疑兵“灵显”，衍化成人人爱看的秋色，人人醉心痴迷的飘色。

和秋色一样流传下来的，还有乡饮酒礼。过去每年春秋两祭，上七十岁的老者都会被礼请到祖庙饮酒、受胙，这是一种莫大的荣耀。凡佛山人都知道，不是德高望重、让人景仰，能如此接近北帝，与北帝亲密无间，与北帝一席共饮，受北帝赐福颁胙？如今，乡风浩荡，祖庙的乡饮酒礼，依然在佛山风行。

北帝诞祭品

祖庙前殿陶塑瓦脊

佛山祖庙与肇庆悦城龙母庙、广州陈家祠并称为岭南古建筑三大瑰宝。聪明的匠人也知道祖庙的橱窗效应，人人都使出拿手绝活，将精美的石雕、木雕、砖雕、陶塑、灰塑运用到祖庙的重修和装修上。一座金碧辉煌、美轮美奂的祖庙，是全佛山人的智慧结晶。

四

读懂了祖庙，才能读懂佛山。

佛山人造祖庙，颇费苦心。一座祖庙，是一方风景，也是一场劝善、一番感悟。

不像禅城祖庙那种热力四射、万众归心，在胥江祖庙，我看到了高古邈远。芦苞是北江上的水陆大码头，坐拥地利，曾经富甲一方。龙坡山下的这座祖庙，地理形胜，山环水绕，天高辽远。

静下心来，走走停停，前张后望，我始终在打量眼前的这方山水、这处古庙。观音、北帝、文昌，三座行宫，挤挤挨挨，一字排开，青云巷相连，琉璃瓦陡急，封火墙高矗，“五岳朝天”的山（墙）脊，美得让人留步，我凝神屏息，一望再望。

中国人最信奉的三尊神（菩萨），在这里息息相关，休戚与共，日夜相处。从前，人们老爱说神仙打架，那是争利益、争信众、争道场。这里的神仙，为什么甘于淡泊，和平共处，忘记纷争？佛山人给我们一个思考。

既然可以让北帝屡屡“灵显”，让他解疑释惑，助阵破敌，那也可以让神仙带头，做个榜样，给人间学习。祝勇夸绍兴人有“灵活本性”，这应该也是佛山人的高明和灵活本性。

文昌主管读书、文运、功名，文昌宫的香火比紫霄宫、普陀宫还旺，家长不断到这里捧手，为子女祈运……

时间已近正午，胥江祖庙，仍然像晨昏般安逸、安然。一切从容不迫。人们轻声细语，脚下不疾不徐，乡野的日子真好。

祖庙春色

陶塑瓦脊

陶塑以陶土为材料，通过捏、贴、堆、筑等各种手法，塑造各种人物、动物等模型，经晾干、焙烧而成。图为陶塑瓦脊“郭子仪祝寿”，由石湾陶塑名店均玉店在光绪二十五年（1899）制作，表现的是其众儿孙在汾阳王府内为郭子仪贺寿的热闹场面。

佛山岭南天地

祖庙片区岭南天地对整个古建筑群以“修旧如旧”的方式进行保护性开发利用，通过修缮历史文化街区中的建筑和增加商业及公共文化空间，创造出一个居民和现代生活相融合的文化新空间，使老街区焕发新活力。

岁月远去，市井远去，喧嚣远去，繁华远去。肃穆、深幽、寂静……我深深吸一口气，闭上眼，感受这安宁的力量。

汾江源远，胥江流长，对佛山人而言，日夜相处、朝夕相伴的祖庙，已然像一颗种子，生长在他们的心头和血脉之中……

CULTURE OF THE ANCESTRAL TEMPLE 祖庙

三水胥江祖庙全景

胥江祖庙始建于南宋嘉定年间，是三水最古老的寺庙建筑之一。最大的特色是集儒、释、道三教于一身，从北往南分别是普陀行宫、武当行宫以及文昌宫，分别供奉着观音大士、真武大帝和文曲星君。胥江祖庙与悦城龙母庙、佛山祖庙并列为广东省最有影响力的三大古庙。

漆金木雕彩门

彩门是悬挂于厅堂的装饰物，作用与屏风相仿。祖庙前殿的漆金木雕彩门呈花篮状，为漆金樟木镂空多层高浮雕，中间主体纹饰分上、中、下三层，主体故事题材为“赵美容伏飞熊”。

CULTURE
OF
FIDELITY
AND
RIGHTEOUSNESS

忠义 · 西山庙对联（局部）

忠义

十传十美——佛山十大传统文化风华录

CULTURE
OF
FIDELITY
AND
RIGHTEOUSNESS

独有千古忠义乡

梁凤莲
一级作家
广东省人民政府文史研究馆馆员
广东省文艺评论家协会副主席

佛山，堡名耳，乡则曰『忠义』，顾天下艳称佛山，几忘其乡之为『忠义』，毋乃爱其地而逸其美乎？夫曩者之锡此乡以嘉名也，地以人荣，至传之今日，则人又以地荣矣。

——清·陈炎宗《佛山忠义乡志》

CULTURE OF FIDELITY AND RIGHTEOUSNESS
忠义

明景泰二年（1451）“敕封忠义乡”石额

祖庙内的“忠义鸿名重地”牌匾
上款：景泰四年癸酉仲夏穀旦
下款：嘉庆元年丙辰众信重修 中华民国三十四年岁次乙酉仲夏穀旦修庙会修理

所有的城市都有门户，明清时期，佛山是商贾云集、工商业发达的岭南重镇，古镇的门户在汾江河畔的正埠码头，它不仅是外地登岸进入佛山的第一站，也是重要的官方码头和商贸码头。码头上曾矗立着一座高大的牌坊，上面镶嵌有“敕封忠义乡”坊额。据传，无论富商豪绅、官员地位职位如何显赫，从此牌坊下经过，都必须下马落轿，徒步走过以示敬重。

牌坊的来历要从明正统十四年（1449）说起，那一年，黄萧养率 10 余万人围攻佛山，佛山乡老梁广、冼灏通等 22 人联手在祖庙议事定策，招募乡勇成立忠义营，竖木栅、挖壕沟、备器械，带领佛山民众共同抵抗达 8 个月之久，最终得以解围。景泰二年（1451），梁广、冼灏通等 22 位乡绅被朝廷封为“忠义官”，佛山被赐名为“忠义乡”，乡绅们为标榜殊荣设立牌坊。从此，佛山与忠义一同彪炳史册。

世济忠义记

【嘉靖三十二年（1553）立石】

正统十四年，黄贼作乱，为岭南患，聚党数万人……贼至，则供具酒食，以劳敢战之士，不避锋镝，为有众先，飞枪连弩以摧其阵车，熔铁水焚其皮帐，奇谋迭出……前后斩首二千余级，无亡矢遗镞之费，而黄贼已困矣！由前所云，无甲兵之援，险塞之限，徒以其忠义之激发，能使阡陌耒耜之辈，奋而为精兵，而大敌破者，此也耶！（碑文节选）

忠义流芳碑记

【雍正己酉年（1729）勒石】

南海，粤东首邑。佛山，南海巨镇。考之志，佛山旧名桂华乡，后敕赐忠义乡，岂非乡以人重哉！明景泰中，海寇黄萧养作乱，假设名号，迫胁齐民，凶焰将及。桂华乡之壮士梁南园等二十二人，誓不从贼，谋同捍御，祷于北帝神祠，祈默为相佑，神报以吉。于是二十二人各出其赀财，以供兵食，备器械。率乡之子弟合力巡守，环村树栅，一夕而就。（碑文节选）

佛山地区盛行拜关公的传统

关公作为武财神，被广大商家视为商业活动的守护神，正是源于关公身上所体现的忠义精神，寓意着在商业活动中坚守诚信、公正和爱国情怀。

乾隆《佛山忠义乡志》

景泰二年（1451），明朝廷敕封佛山为“忠义乡”。明清两代，佛山皆以忠义名乡自称。康熙、乾隆、道光以至民国，佛山乡志皆以《佛山忠义乡志》命名。

一

忠义是民族之魂。

我们的民族曾饱经战乱，我们的国家曾被侵略者的铁蹄无情践踏，千百年来，民族精神不死，英雄层出不穷，是什么力量驱使先辈、先驱、先烈在血雨腥风、刀光剑影中为了民族大义慷慨赴死、从容就义？

除了信仰，还有我们民族珍贵的精神遗产——忠义，是忠义支撑着他们在黑暗的严冬，坚定守望着民族复兴的那一缕灿烂春光，是忠义推动他们在生死关头，为了国家，放下名誉、地位、财富甚至生命。

忠义是岭南的血性，是佛山的骨气。

南方的国土，不乏热血浇灌。自南越以来千余年，岭南从不缺乏忠肝义胆的故事。南宋景炎三年（1278）春天，南海人张镇孙兵败被押往元大都。在五岭之上，他将要告别故乡，回首南望，或许他也曾想过，如果不是状元，也许他无须临危受命；如果只是一个普通士子，也许他有苟活的权利。这位广东南宋时期唯一

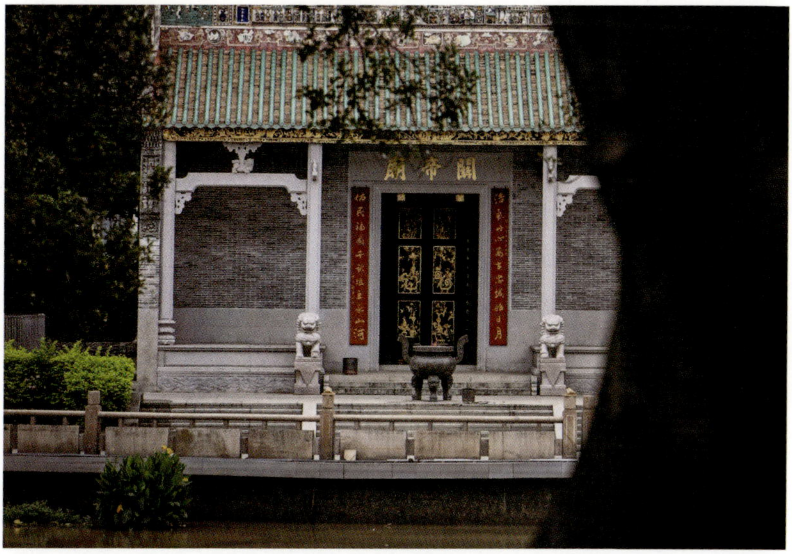

禅城水上关帝庙

的状元，他的命运早已被国难写定：要么慷慨赴死，要么屈膝投降。在忠义与生命之间，只能保留一样自己最珍视的东西。

生不舍，义难取。广州城里户盈罗绮的状元坊，还有让无数文人壮士黯然神伤的梅岭古道，留下了张镇孙生命的烙印，留下了他毅然舍生取义的传奇。波光粼粼的珠江缓缓流淌，日夜不息的水声，仿佛诉说状元郎张镇孙“殉国忠臣”（文天祥语）的故事。

明末“岭南三忠”之首陈邦彦是顺德龙山人，“岭南三大家”之一陈恭尹的父亲。清兵入关后，他疾书《中兴政要策论》万言书，投身疆场。在龙山，敌人卑鄙地抓走了他的儿子和一名妾侍意欲招降。陈邦彦在招降书上凛然写道：“妾辱之，子杀之，皆唯命。身为忠臣，义不顾妻子也。”忠义难以两全，舍义而取忠，伟哉斯人，壮哉其志。

忠义是岭南的情怀，是佛山的担当。

19 世纪中后期，外侮内患、国仇家恨，中华民族到了生死存亡的紧要关口。不变法，国将不国。百日维新失败后，康有为胞弟康广仁在北京南海会馆被捕。1898 年 9 月 28 日，他与谭嗣同等戊戌六君子被杀于菜市口。临刑时，他昂首苍天、大声疾呼：“中国自强之机在此矣！”牺牲时年仅 31 岁，忠心之赤诚、大义之凛然，天地为之动容。

近代，大清王朝遭遇千年未遇之耻辱，是愚昧地死抱着忠君观念不放，还是勇于变革迎接变法和革命，把中国引上一条新的发展道路？这是时代对于忠义文化的历史性考验，佛山人挺身而出，成为变革的先行者，用思想和行动改变了中国。

万马齐喑时，佛山为中国历史贡献了许多重要的关键人物，围绕着民族复兴，在变法图强、科技进步、对外开放方面涌现了一大批追求真理与正义的先驱。

南海人康有为自不必说，他主张以西方发达国家政体为范本，意图通过变法维新全面改造国家，把落后的中国纳入近代化

吴趼人

邹伯奇

吴趼人
笔名“我佛山人”，代表作《二十年目睹之怪现状》轰动一时，影响深远，为晚清“四大谴责小说”之一，专以揭露和谴责社会上的丑恶现象。

邹伯奇
中国近代科学先驱，发明设计了大量代表当时先进水平的科学仪器。

芦苞关帝庙始建于清嘉庆初年，经光绪乙未年、民国初年重修，2002 年再次重修。

三水芦苞关帝庙对联

罗登贤

1925 年加入中国共产党。1922 年起，先后参与领导香港海员大罢工、省港大罢工和广州起义，组织创建中国共产党直接领导的东北抗日武装，历任中共中央临时政治局常委、中共广东省委书记、中共满洲省委书记等重要职务。

张云峰

1924 年初加入中国共产党，积极投身工人运动。1927 年 4 月 18 日，遭到国民党反动军警 100 多人的包围袭击，不幸被捕。在狱中，张云峰经受着严刑拷打，始终坚贞不屈，奋然写下“神州大地尽妖气，只赖工农驱阴霾”等诗句和书信给战友和亲人。

陈铁军

1926 年 4 月加入中国共产党。曾当选广东区委妇女委员，广东妇女解放协会秘书。广州起义前夕，与周文雍参与广州起义准备工作，假扮成周文雍的妻子。1928 年 2 月，因叛徒出卖，慷慨就义。

发展轨道，他发动的戊戌变法影响了后来孙中山先生的辛亥革命。朱次琦、梁廷枏、吴趼人、邹伯奇、陈启沅，这些佛山人今天被尊为岭南先贤，他们的成就永载史册。

“百世名儒仰九江”，南海人朱次琦是康有为的老师，公认的岭南大儒；顺德人梁廷枏是中国近代最早倡导“开眼看世界”思潮的先驱之一；南海人陈启沅开启了中国近代民族资本主义发展的新道路；南海人邹伯奇被世人称为“中国照相机之父”，是中国近代科学先驱。他们的远见、胆略、智慧推动了中国社会的发展。

忠义是岭南的奉献，是佛山的牺牲。

从古至今，每一时代，佛山都有忠肝烈胆、义薄云天的仁人志士，不过，每一时代，先烈们舍生取义的“义”都有着不同的内涵和价值。翻开百年建党史，佛山先烈的英雄事迹让我们看到共产党人的忠义是血一般赤红和灼热，佛山忠义文化的深厚内涵，在新民主主义革命的征程中发扬光大，成为今天佛山红色文化的人文基因。

1926年4月，一名佛山富商家的女子成为共产党员，并改名陈铁军，表明铁了心要跟着党走，将自己的一切奉献给革命事业。两年后，24岁的她慷慨赴死，用坚贞的党性和炽热的爱情，演绎了感人至深的“刑场上的婚礼”。临刑前，她的爱人周文雍在监狱墙壁上写下绝命诗：“头可断，肢可折，革命精神不可灭。壮士头颅为党落，好汉身躯为群裂。”

为了新中国献出生命的又何止一个陈铁军，中国工人运动的先驱、三水人邓培在面对敌人屠刀时毫无惧色，大喊：“共产党员是不怕死的！”邓培、陈铁军、张云峰、罗登贤、黄甦、廖锦涛、吴勤等一批佛山儿女，为了中国革命事业、人民解放事业前赴后继，倒在血泊之中，他们对党的忠诚、对民族解放事业的忠心，在中国革命史上书写了佛山儿女与日月争辉的不朽篇章。

顺德西山庙

西山廟

二

曾经，佛山各地都设有三忠庙。

在南海丹灶，香火鼎盛的三忠庙就有两座，一座是“三忠古庙”，另一座是“三忠庙”，祭祀的都是“宋末三杰”——文天祥、陆秀夫、张世杰，南海人民尊称他们为“三忠爷”。两座三忠庙的门口都有对联，三忠古庙的对联写着：孔曰成仁孟曰取义，下为河岳上为日星。三忠庙的对联写的是：正气长留义壮山河光绚日，精忠共师节坚金石德参天。

忠义在佛山，古为经典，今为文化。忠义作为价值观，从孔孟等古代思想家的社会理想，变为佛山人普遍尊崇的道德准则，其间走过了漫长的历程，如同一颗种子，经历了千百年的进化生长，终于长成枝繁叶茂的参天大树、万木争荣的郁郁森林。

明正统年间那二十二位佛山乡绅是忠义之火的传薪人，古往今来千百年，传递忠义之火的又何止这二十二位，忠义之火照亮的又何止是佛山这三千七百多平方千米土地，温暖的又何止是佛山本土的乡里乡亲。

以明代为例，南海人庞尚鹏关心百姓疾苦、为官清廉、不畏

忠义主题文化公园

位于南海丹灶西城，以“三忠”文化基础建设的文化公园。其中立有三忠庙，传扬着南宋爱国英雄文天祥、陆秀夫、张世杰的忠义精神。

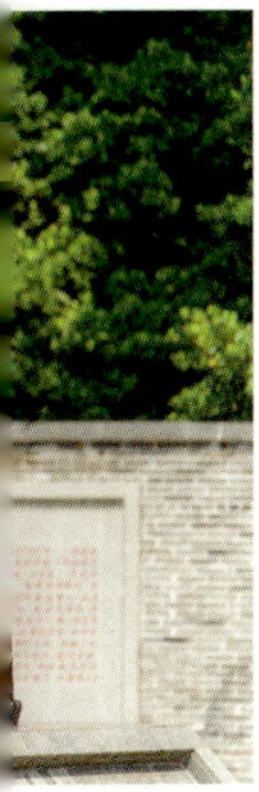

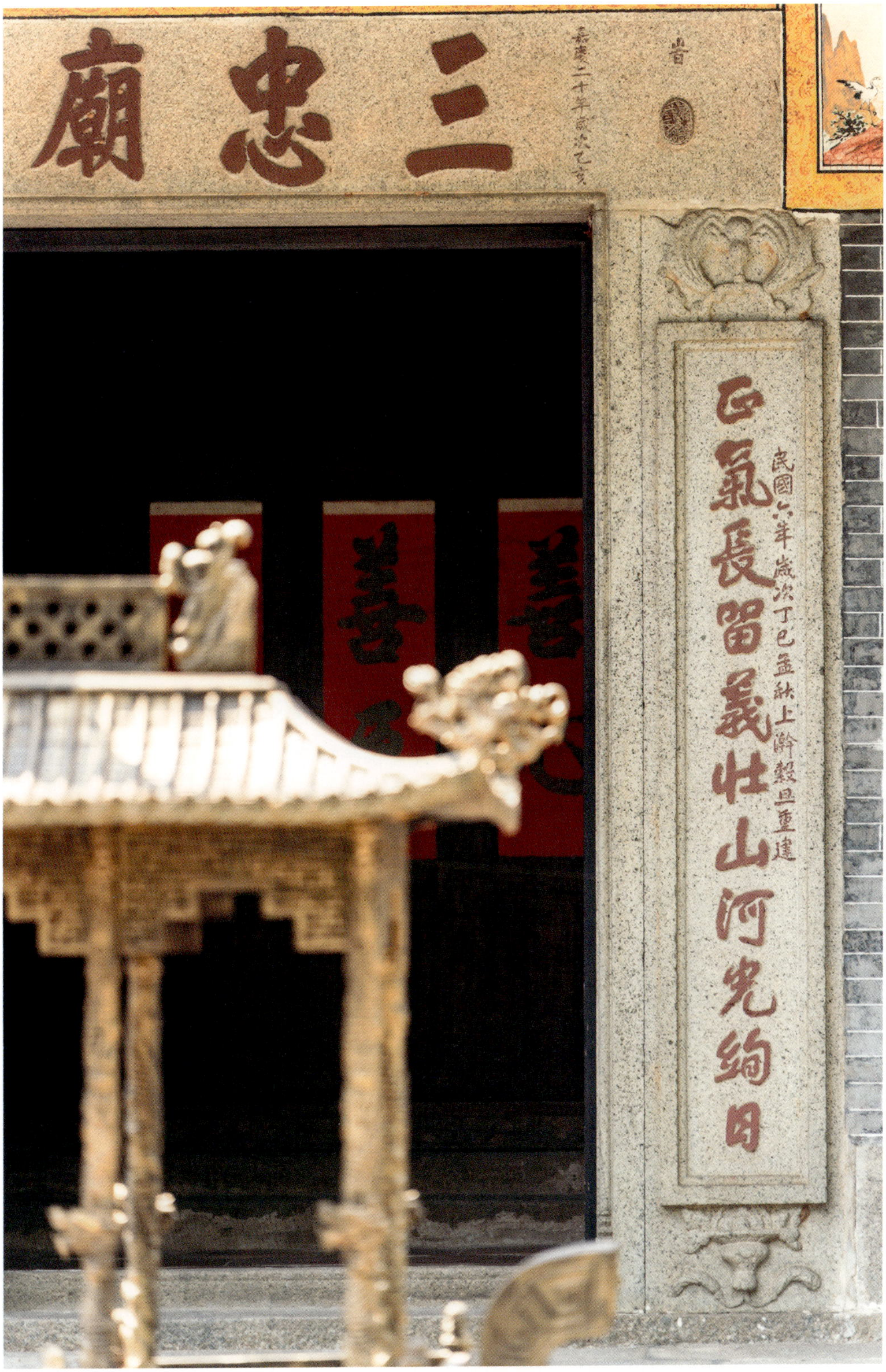
三忠廟
正氣長留義壯山河光絢日
民國六年歲次丁巳孟秋上澣穀旦重建

南海大果村三忠庙

豪势，任乐平知县时，民谣有“一廉如水，一猛如虎”之说，意为庞尚鹏为官清廉、执法如山，离任时，百姓为之立“去思碑”。顺德人冼光任县令和御史时，纠正了不少冤假错案，民间传颂：“民无冤讼，有冼灯笼；讼无滞屈，有冼三日。”三水人何维柏，为官一任，造福一方，离任福建巡按之时，福建士民为之恸哭，著歌谣传唱：“三水凤，参天柏，穷谷深山被恩泽，官谷重重赈饥，奸弊时时痛革。”

忠义天下从爱乡爱家开始，佛山自古就是让佛山人自豪、骄傲的佛山。近代小说家吴趼人虽然生活在上海，他的文章常常署名“我佛山人”，与康南海、朱九江、方西樵等前辈一样，标榜故乡就在佛山。佛山不仅是气标两广的人文之邦，明清时期还因商贸繁盛，与景德镇、朱仙镇、汉口镇合称“四大名镇”，商贾丛集、阛阓殷厚、万家灯火，百货充盈，佛山人自豪地说：“中国四大镇，吾镇忠义乡，独有千古。”

对国家尽忠，在民间为义，忠义自古一体。佛山的忠义文化与佛山民间的慈善事业有着密切的联系，在社会保障体系尚未完备的明清两代，官员、乡绅、商人是佛山民间慈善事业的“主角”，李待问及其家族就是其中的典范。李待问一生关心乡事，被誉为佛山民间慈善事业的启蒙者。他先后捐建学宫、捐修灵应祠、重修通济桥、捐修省佛古道、倡建文昌书院、倡设忠义营，凡佛山慈善之事，无不倾心尽力。

吴趼人的曾祖父吴荣光官至湖广总督，任内多次回乡省亲，关心佛山的水利、教育、典章、文化等事务。清道光五年（1825），他以在职巡抚的身份，牵头出资，团结商人、士大夫重修文昌塔，又参与清浚佛山涌；道光十年（1830），重修《佛山忠义乡志》，仅用3个月完成，而且不收分文。还另捐一千两白银资助田心书院办学。

佛山义仓以“义”为名，旨在为民。乾隆六十年（1795），

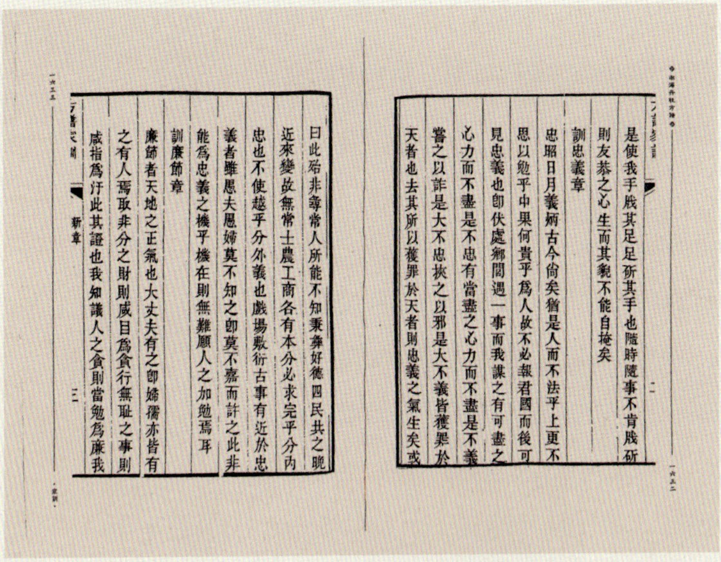
是使我手戕其足足斫其手也隨時隨事不肯戕斫則友恭之心生而其氣不能自揜矣

訓忠義章

忠昭日月義炳古今尚矣猶是人而不法乎上更不思以勉乎中果何貴乎爲人故不必報君國而後可見忠義也卽伏處鄉閭遇一事而我謀之有可盡之心力而不盡是不忠有當盡之心力而不盡是不義嘗之以詐是大不忠挾之以邪是大不義皆獲罪於天者也去其所以獲罪於天者則忠義之氣生矣或曰此殆非尋常人所能不知秉彝好德四民共之晚近來變故無常士農工商各有本分必求完乎分內忠也不使越乎分外義也戲場敷衍古事有近於忠義者雖愚夫愚婦莫不知之卽莫不嘉而許之此非能爲忠義之機乎機在則無難願人之加勉焉耳

訓廉節章

廉節者天地之正氣也大丈夫有之卽婦孺亦皆有之有人焉取非分之財則咸目爲貪行無恥之事則咸指爲汙此其證也我知識人之貪則當勉爲廉我

训忠义章

忠昭日月，义炳古今，尚矣！犹是，人而不法乎上？更不思以勉乎中？果何贵乎为人？故不必报君国而后可见忠义也，即伏处乡闾，遇一事而我谋之，有可尽之心力而不尽，是不忠；有当尽之心力而不尽，是不义。尝之以诈，是大不忠；挟之以邪，是大不义，皆获罪于天者也。去其所以获罪于天者，则忠义之气生矣。或曰：『此殆非寻常人所能。』不知秉彝好德，四民共之。晚近来变故无常，士农工商各有本分，必求完乎分内，忠也；不使越乎分外，义也。

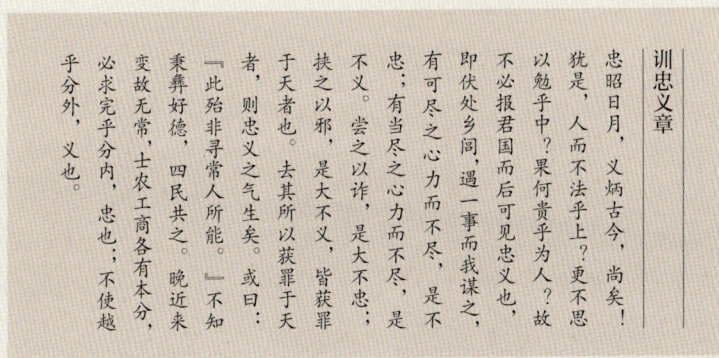

清《南海丹桂方谱》

《南海丹桂方谱》所收录的《家训》，是方献夫的后代二十世孙方菁莪所编，并且在旧谱的内容之外，结合时代变迁和族内新变化，与父老讨论酌定，编为《敦叙堂新章》。

石湾《太原霍氏崇本堂族谱》
（清代霍永振等纂修）

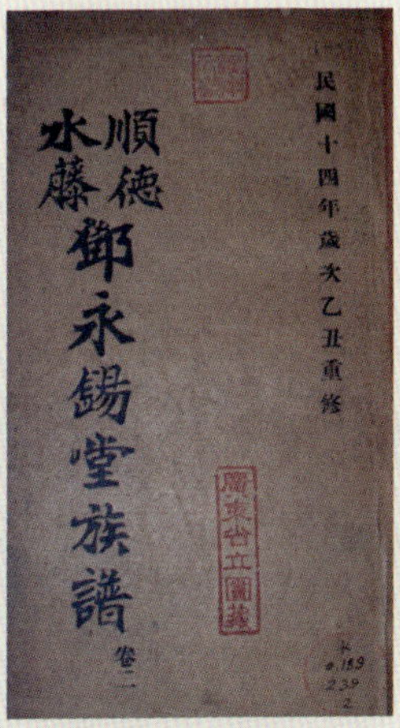

顺德水藤《邓永锡堂族谱》
（邓植桂等纂修）

家谱

家谱不仅是一家之史书，也是中华优秀传统文化的基础载体之一。佛山的家谱，除了记录家族的源流和传承，往往还有家训。家训作为家族的精神财富代代传承，是佛山家族文化的重要组成部分。

李天达、劳潼等联合三十四名乡绅，兴办佛山义仓，由佛山本地二十四铺轮值管理，惠及整个佛山镇，在同时期广东兴办的义仓中，首屈一指，曾挽救了无数人的性命。

三

时代在变，作为中华优秀传统文化，忠义的内涵并没有变。《说文解字》训“忠”为“敬也，尽心曰忠”；说“义”为“己之威仪也”。《论语》记载，曾子在回顾孔子的思想精髓时说：“夫子之道，忠恕而已矣。”荀子说：“坚刚而不屈，义也。”从根本上来看，古代圣贤对于忠义的理解，首先是一个人修身齐家，然后治国平天下的道德准则，这样的准则一直沿用至今。

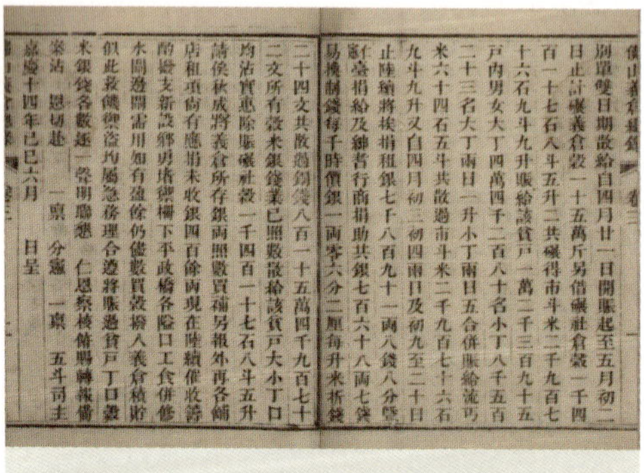

佛镇义仓嘉庆十四年（1809）赈济记录

别单双日期散给，自四月廿一日开赈起至五月初二日止，计碾义仓谷一十五万斤。另借碾社仓谷一千四百一十七石八斗五升，二共碾得市斗米二千九百七十六石九斗九升，赈给该贫户一万二千三百九十五，户内男女大丁四万四千二百八十名，小丁八千五百二十三名，大丁两日一升，小丁两日五合，并赈给流丐米六十四石五斗。

佛镇义仓

始建于清乾隆六十年（1795），是佛山民捐民办的慈善机构。义仓为二进深，按《千字文》中天、地、玄、黄、宇、宙、洪、荒顺序排设仓房二十六间，储谷九十六万斤，米贵则平粜，遇荒则赈济。制定六纲三十四条章程，公推可靠人员管理。乾隆、嘉庆、道光时期均有义仓大规模散赈的记载。

顺德均安关帝巡游

顺德均安关帝巡游队伍中的锣鼓柜

时代在变，忠义的外延随之拓展。儒家思想的“仁义礼智信”“天下至德，莫大乎忠”中的忠义，在佛山人的当代语境下，演变为对信仰价值的坚守、对民族国家的忠诚、对正义正气的维护。

“爱国”是忠于国家和民族，“敬业”是尽忠职守献身事业，“诚信”是忠于承诺信守合约，“友善”与“子以四教，文行忠信”中的“忠”毫无二致，是忠于友谊、对人和善。中华优秀传统文化延续到了新时代，其价值也同步升华与光大。

千百年来，忠义是佛山文化最亮丽的底色之一。

在这片富饶的土地上，忠义的江河千古不废，忠义的大树枝繁叶茂，粤剧文化、功夫文化、龙舟文化、龙狮文化、陶艺文化、工匠文化、美食文化、秋色文化、祖庙文化，皆为忠义精神在民俗、工美、节庆、文艺、信仰等文化领域的外化，无论是在龙舟醒狮、粤剧功夫的铿锵锣鼓声中，还是在陶艺秋色、美食工匠的精雕细琢中，我们看到的总是忠肝义胆、铁血侠骨的佛山人，看到的总是佛山人的忠义精神。

秉忠义心、成忠义事、做忠义人。忠义文化作为历史产物，在佛山的土地上，经过时代的洗礼，正在焕发全新的光彩。

氣
大學士黃士俊
一九八六年
陳荊鴻重書

乾坤正气牌匾

顺德西山庙牌匾“乾坤正气”四字原是明代顺德状元黄士俊所书，1986 年由陈邦彦的后代、著名书法家陈荆鸿重书。

致谢

在《十传十美——佛山十大传统文化风华录》的编纂过程中，我们深切地感受到了佛山这座城市深厚的文化底蕴与人文关怀。在此，谨向所有给予我们支持与帮助的社会各界朋友表达最诚挚的谢意。

感谢特约编辑何波波、李航，装帧设计罗灿，特约编务王海军、曾庆斌、龙翔、符诗贺，图片摄影芦涛、李林养、陈秋，对本书编撰制作工作的辛勤付出。

感谢国家级非遗项目灯彩（佛山彩灯）代表性传承人杨玉榕、国家级非遗项目灯彩（佛山秋色）代表性传承人何信、国家级非遗项目石湾陶塑技艺代表性传承人廖洪标、国家级非遗项目广东醒狮省级代表性传承人夏志成、国家级非遗项目灯彩（佛山秋色）省级代表性传承人何洁桦、国家级非遗项目（广东剪纸）省级代表性传承人饶宝莲、广东省陶瓷艺术大师曾力、广东省陶瓷艺术大师曾鹏、国家级非遗项目佛山木版年画市级代表性传承人刘钟萍、广东省级非遗项目双皮奶制作技艺市级代表性传承人董翰承、佛山市级非遗项目陈村粉制作技艺代表性传承人何淑芬、顺德区级非遗项目粥水制作技艺代表性传承人魏小燕等大师的精湛技艺与无私奉献。

感谢广东外语外贸大学中国语言文化学院院长陈恩维、佛山大学岭南文化研究院研究员戢斗勇、佛山市龙狮运动协会会长邓伟杰、佛山市民间文艺家协会主席关宏、佛山市经济学会副会长郝伟、佛山市非遗保护专家委员会委员梁国澄、佛山市南海区平洲珠宝玉器协会副会长崔健雄、南海画院院长梁国荣、广东石湾陶瓷博物馆理论研究部主任纪文瑾、佛山民俗专家余婉韶、佛山市博物馆研究馆员张雪莲、佛山市作家协会文学院院长周崇贤等众多文化、艺术界同仁的支持，以及佛山彩灯传承人黄敏言，佛山市禅城区廖家围陶艺工作室廖淇峰，佛山鸿胜馆黄镇江、李伟峰，佛山市三水李保安龙舟厂李保安、李显文，叶问咏春崇华拳馆董崇华，莲塘龙狮团陈汝安，周栋昌（佛山）健康科技有限公司周展，佛山市南海区九江振兴武术馆潘永生等多位佛山文化的守护者、传承者、弘扬者。

此外，感谢杨耀桐、郑伟锋、霍广良、林安迪、胡锦辉、黎锐明、洪国宁、梁永雄、杨芳、黄莺莺、黄燕珍、翁丽莹、罗学章、陈炳辉、卢展途、李广铭、胡卫东、罗平强、周焯杰、谭兼之、王澍、孔渝、孔林光、樊继成、冼伟欣、周扬等众多摄影爱好者提供的精美图片。

本书所选的部分图片由于年代久远等原因，无法与作者（拍摄者）取得联系，我们深感不安与歉意。如您发现本书中收录了您的图片，请提供相关证明，并与编辑部何女士（18665548819）联系。

希望这本书成为传承纽带，让更多人爱上佛山传统文化，共同守护这珍贵财富。

佛 山

FO SHAN

佛山古称季华乡，于唐贞观二年（628）改名为佛山，明景泰三年（1452）被敕封为“忠义乡”。1949 年 10 月佛山市人民政府成立，1983 年撤销佛山地区建制、实行市领导县，2002 年设立禅城、南海、顺德、高明、三水五区。

佛山位于广东省中部，地处珠江三角洲腹地，面积 3797.79 平方千米。截至 2023 年末，常住人口 961.54 万人、户籍人口 509.07 万人。全市河网密布，西江、北江贯穿全境，独具特色的桑园围水利工程入选世界灌溉工程遗产名录。

佛山工商业发端早，明清时期被称为中国“四大名镇”、天下“四大聚”之一，现在已是“万亿 GDP”俱乐部城市，所辖五区 GDP 均超过千亿元，拥有 2 个“千亿元镇”、80 个“亿元村居”。

佛山始终坚持制造业当家、发家，形成了“三五成群、十有八九”的产业格局，2023 年规上工业总产值突破 3 万亿元，5 个区均入选全国工业百强区前 50 名，“有家就有佛山造”享誉全球。

佛山围绕落实“百千万工程”，实施“十大行动”：北向战略和西进计划、强区促镇带村、土地利用效率提升、都市农业引领、百里芳华示范带建设、城市环境品质提升、绿美佛山生态建设、优质教育医疗进村下乡、对口城市共建产业园、固本强基。